民俗文化的歸向

李威熊 著

文史哲學集成
文史哲出版社印行

民俗文化的歸向 / 李威熊著 -- 初版 -- 臺
北市：文史哲, 民 99.11 印刷
頁; 公分（文史哲學集成；108）
含參考書目
ISBN 978-957-547-313-6 (平裝)

1.論叢

078

文史哲學集成 108

民俗文化的歸向

著 者：李 威 熊
出 版 者：文 史 哲 出 版 社
http:// www.lapen.com.tw
e-mail：lapen@ms74.hinet.net
登記證字號：行政院新聞局版臺業字五三三七號
發 行 人：彭 正 雄
發 行 所：文 史 哲 出 版 社
印 刷 者：文 史 哲 出 版 社
臺北市羅斯福路一段七十二巷四號
郵政劃撥帳號：一六一八〇一七五
電話886-2-23511028 · 傳真886-2-23965656

實價新臺幣二〇〇元

中華民國七十三年（1984）九月初版
中華民國九十九年（2010）十月 BOD 初版一刷

ISBN 978-957-549-313-6 00108

民俗文化的歸向　目次

民俗、文化的歸向（代序）……一
文化的開展與國家前途……一
從文化的涵義談到中國文化……一二
別把國民陋習錯當正統文化看……一九
中國經學的人生常道……二三
經學精神的重振……二九
有感於「星政府之尊崇孔子」……三三
孔子的歷史觀……三六
談孔子的藝術生活……三九
曹操與禮教……四二
談國民生活禮儀……四八
五倫綱常與社會建設……五一
整頓寺廟以端正社會風氣……五五

如何可長生——中國人的醫學觀……五八
迎春納福——談中國年……六一
從年俗看中國文化……六四
過元宵談花燈……六八
憂患意識的時代意義……七一
談姓氏……七四
戲劇與人生……七六
中國神仙信仰的形成與談仙文學……八八
東漢的學風與士節……一〇四

民俗文化的歸向（代序）

文化一詞，含義相當籠統，歷來學者約有一百多種不同的銓釋，可見要給文化下一具體的定義，還眞不容易。至於民俗則是一個民族共同的人生觀，而化成一種具體行爲，久相因襲的生活習慣。它也是民族文化的重要部分，與國家的興衰息息相關。所以有人說，社會的一切問題，都是文化問題；因此要改善社會，建設國家，唯有從文化的層面入手，才能找到問題的癥結所在。

各民族有各不同的民俗文化，中國的民俗文化，是幾千年來我們祖先在我們生長的土地上，所創造出來的一切；甚至小至一些大家習而不察的民俗信仰觀念，都常常從中可以反映出我們民族的特質，如果否定了這些，等於否定了自己民族的過去。不過不管習俗也好，文化也好，其精神本脈雖然永恆不變，但是在枝節上可能會隨時空的變遷，而作各種不同的適應。如古代的婚喪習俗，到今天我們所看到的，絕非一成不變；縱使在台灣地區，閩南與客家也有顯著的不同。所以談民俗整理，或文化重建，到底要整理什麼？重建什麼呢？則必須首先加以考慮的前提。

近百年來的中國，由於受到西方文化的激蕩，國人眩惑於歐美文明，遂有不少人將中國的傳統習俗，視爲落伍的象徵；一些的民俗信仰也被視爲迷信，於是被全盤的加以否定，寧可信仰外國宗教，也不要自己的祖宗和倫理道德。寧可過耶誕節，快樂狂歡，也不要過具有特殊風味的中國年；有些人恨不得自己馬上取得外國籍，變成外國人，一切求其洋化，結果並沒因此而提高自己的身份地位，人家反而愈發的看不起，因爲人唯有先能自尊，才能受到他人的尊重。於是部分有心人士，才慢慢發覺一些快要消失的民俗技藝的親切可貴。如南管、北管、歌仔戲、子弟戲、布袋戲、皮影戲……等，以及一些節令的民俗活動，從中彷彿可以體會出先民的智慧和生活的情趣，我們不能忘本，也不能做位無根的人。於是社會上才開始有整理民俗技藝的呼聲，然而有些人不免矯枉過正，例如將古代也不大可能做到的拋綉球，竟大演特演起來，如果保存民俗只是這些，那將是社會的墮落。所以有關民俗的整理，必須全面作有計劃的檢討評估，並將一些在現代社會仍具有特殊意義的民俗，去其不適合現代生活的部分，然後再加以發揚光大，例如過年時一家團圓之樂，父慈子孝，兄友弟恭，以及衷心的關懷祝福別人等，不管時代如何演變，我們絕對不能沒有這可貴的人間溫情；又如元宵節的萬民同樂，端午節的感懷忠貞詩人屈原，中元節的普渡敬祖，八月中秋的賞月並待山河重圓，九九重陽的登高敬老……等，這些人間至情至性的活動，都是值得鼓吹宏揚的習俗。至於一些不可能再恢復的，則一一做有系統的整理，從靜態的資料，到身懷民俗雜技的藝人，無不是國家的瑰寶，該建立檔案的建立檔案，該傳的傳，使它能一代一代的綿延下去，讓我們的子子孫孫都能切身的體會到在那往日漫長的歲月裡，我們的祖先到底是怎樣走過來的，以培養全體國民濃厚的民族情感，而不致做中國歷史上的罪人。

民俗只是文化的一部分，還算具體。而談到一般文化則有物質文化和非物質文化，有些可以看得到，有些只能體會。有些見於書本上，有些則表現於日常生活中。滿清中葉以後，國家的衰弱，很顯然的是由於固有文化精神萎縮所致，但要救國家卻不知重振文化的眞精神，反而把傳統一切視爲舊包袱，拋之唯恐不快。由於國家被挖了根，建國失去立場，因此不管歐化、美化或共產化，恐怕給中國帶來的只有更大的災難。今天社會的虛浮不實，究其原因，就是缺乏自己文化理想所致。爲了國家、民族的前途，我們不能再執迷不悟。英國大哲學家羅素，在民國初年，曾前來中國講學，他曾講了一段很值得全體中國人深思的話：

中國人雖窮，也比一般歐洲人快樂，我覺得中國人在另一方面超過我們很遠，我是來中國教書的，但我多停一天，愈覺得我能教他們太少，而我從他們學到的則愈多。我並發現在中國住久了的歐洲人也有同感。只有短期居留和一心賺錢的人不知。對於重視智慧、美，以及單純生活樂趣的人，將發現中國比癲狂暴亂的西方更好。而我希望，中國能以更寬容沈思的寧靜心靈，作爲我們科學知識的回報。

中國有壯麗的河山，有優秀的國民，有悠久的歷史，相信在這種背景下，所蘊育出來的文化，絕不會差到那兒去。我們不能把國民的陋習錯當正統文化看。今天要復興國家，先要復興固有文化的精神。我們要的不是復興文化的口號，是文化的實質；不是文化的軀殼渣滓，而是文化的眞正內涵。更重要是如何把文化的眞精神，化成一套具體的生活規範，並付諸實際言行，這恐怕才是今天復興文化的大方向。

本集一共蒐了二十一篇雜文，大多是筆者在這近一、二年於各報章雜誌所發表有關民俗和文化諸問題的論述，有些則是隨性的雜感，並不太講究學術性；各篇之間也缺乏連貫性，但都是出自對固有民俗文化的熱愛，也許在一時激情之下，難免會失諸主觀，如有不周延的地方，還請關心自己民俗文化的前輩和朋友們，多給予批評指教。

中華民國七十三年七月一日

李威熊志於政大中文系

文化的開展與國家前途

一、文化萎縮導致清廷腐敗

我國是世界上四大文明古國之一，這是任何人不容否認的。雖然二、三千年來，我們也跟世界其他各國一樣，免不了遭到一些的外患，也不斷的在改朝換代，但始終能保持一民族完整的强大國家，而沒像面積與中國相差不多的歐洲，國家居然分立有三十多個，這完全是傳統文化的力量使然，也是中華文化優於其他文化的最好證明。但自滿淸中葉以後，由於西方勢力東漸，淸廷日趨腐化，當然抵擋不住外國的船堅礮利，對外戰爭屢次失敗，被迫訂下了一些喪權辱國的條約，割地賠款，幾乎使我們淪爲列强的次殖民地，以前那種萬國衣冠拜冕旒，泱泱大國的雄風，一變而成爲處處不如人，這種的打擊是何等的强烈。於是有人便開始檢討，懷疑是不是幾千年的文化包袱，才把我們民族塑造成今天的樣子，而導致國家的衰弱。但如果我們肯仔細反省的話，並不是正統文化有問題，倒是政治的黑暗、士大夫的墮落、農村的破壞、工商不發達，才是國家積弱的主因。

現在讓我們看看代表中華文化主流的儒家思想，它在政治上是作何主張，儒家特別强調德治，且必須付諸實踐，並不只是掛在口中說說的高調而已；但清廷仁政愛民了沒有？有沒有讓仁者在位？如果沒有，那麼當時政治的黑暗，又與儒家何干？又孔、孟一再的告訴我們，一個讀書人要以天下爲己任，要有至大至剛的浩然正氣；要做一位富貴不能淫、貧賤不能移、威武不能屈的大丈夫，這是何等的胸襟氣概和節操。而當時的一些讀書人，所讀的雖是聖賢書，但所做所爲又是怎麼一回事？如果一個讀書人不能行己有恥，不但不能給社會帶來一股清明的朝氣，反而敗壞社會善良風俗的，將是這些讀書人，所以顧炎武說：「士大夫之無恥，謂之國恥。」一個人不好强，不知自我提升，那麼孔、孟對他又有何辦法？再者孔子、孟子也不斷的勉勵人，凡事要盡其在我，要將心比心，這種己立立人、己達達人的忠恕之道，怎會使社會墮落。如果人人都能「老吾老以及人之老」、「幼吾幼以及人之幼」，發揚人飢己飢、人溺己溺的偉大愛心，拆掉人與人間相隔的那一道牆，這樣人間還會有紛爭？還會有仇恨嗎？而當時社會秩序之所以會混亂，舊道德之所以會崩潰，就出在孔、孟的精神未能發揮實際效用。

我們可以大膽的說，當時的政治措施，部份讀書人的言行，影響社會風氣，不是太過，就是不及；既不能盡人之性，又不能盡物之性，於是領導世界幾千年之久的中國科技，也從此停頓。由於文化的萎縮，而失去原有的眞精神，終於使我們成了列强的俎上肉，所以清廷的腐化，追根究柢，就是在正統文化的破產。

二、由內外因素爆發新文化運動

眞正的傳統文化，到了清末民初，只剩下了外表的軀殼，又政治、經濟、社會……等各方面積弊已深，於是有一股內在的力量，正逼著中國到非變不可的地步；再加上列强的蠶食鯨呑，外在勢力的壓迫，中國已經瀕臨滅亡的險境。爲了中國的强大，爲了數億同胞的生存安全，一些有志之士，或留過學的青年，在民國八年五月四日，發起一項愛國的運動，倡導民主、科學，主張內除國賊，外禦强權，而由學生發起的這種愛國運動，慢慢的演變成全國性的新文化運動，希望藉著文化的改革，以便接受外來的新知，達到强國强種的目的。

三、錯誤的方向造成中國的分裂

五四和新文化運動，本是爲了挽救國家的危亡，動機非常嚴肅純正，可惜因一時愛國心切，對於文化的眞精神也缺乏深刻的體認，竟然把當時一些社會的弊端，都歸咎到傳統文化的本質上，不加深思熟慮，就憑著青年人的那一股熱情，而走上反文化的道路，不分靑紅皀白，反對舊傳統的一切，如對使用幾千年、且具有各種優點特色的中國文字，也產生懷疑，認爲非把它改爲拼音文字，則有礙中國的科學發展，科學不發達，中國就不能現代化。又如人生最可貴的倫常道德，也被視爲迂腐高調；具有人生指導原則和治國理民要道的六藝經典，也統統被視爲落伍無用；長久以來，代表中國人心聲的傳統文學，被譏爲不夠水準；世界上許多有識見的劇評家，認爲集有各種藝術優點的中國平劇，也被指責爲非人類精神的表現，並以它做爲中國人思想處處落在人後的證據。（見傅斯年選集—戲劇改良的面面觀）……像這些似是而非的立論，眞是罄竹難書，這些話實在不應該出自中國人之口，但很遺憾的，說這些話的人都是青年人所崇拜的極端洋化的所謂專家學者，因此，造成思想界的大混亂，本來是爲了挽救中國，結果却給國家帶來更大的災難。

新文化運動一開始就走錯了方向，不知滿清的衰弱，是由於文化的眞精神不得弘揚所致，因此要改革社會使國家强大，本必須闡揚文化的精義，並與日常生活相結合，如此的從根救起，才是正途。但新文化運動的前輩，却捨此道而不由，竟以打倒傳統爲前提，而對舊文化施予無情的痛擊，假禮教、假道德可以批判，難道眞的禮教、道德可以不要嗎？這一場風暴，對中國來說，就像一棵失去了生機的大樹，又連根被拔掉，而想重新再栽，這樣能挽回它的生命，使它脫胎換骨，繼續的繁榮壯大嗎？不管全盤西化或共產化都好，縱使能救中國於一時，絕無法救中國於永久，爲什麼共黨會在中國得勢？就是因爲大家對傳統文化沒有信心，你主張歐化，他主張美化，林林總總，反正都不是中國的，使反共失去立場，最後造成大陸淪陷的悲劇，一直到今天，國家還處在分裂的局面，這是國家、民族的大不幸，也是新文化運動的偏差，所帶來的禍果。但至今有些醉心西化的人士，還是不承認這個事實，把罪過却委之於領導階層，但爲什麼不想一想，那些新文化運動的健將們，如胡適、羅家倫、傅斯年……等，那一位不是身負學界、政界的重責大任；又民初以來，政府的主要幹部，那個不是接受西方文明的洗禮者，難道大陸的淪陷，他們一點責任都沒有？今天很多人都有一種感覺，我們社會好像缺少什麼似的，明白的說就是缺乏中國人那一份應有的自尊和自信，人家稍微傷風，我們已大打噴嚏，好的倒沒學到，壞的風氣却到處可見，筆者在本學期初教到一位從馬來西亞僑居地回國就學的僑生，談到初回祖國的觀感，他說本是爲仰慕祖國文化而來，結果他覺得到了台灣好像到了外國一般，所感受的中華文化氣息，比在僑社還要淡薄。也許這只是個案，但不難看出，走錯了方向的新文化運動，餘波仍在蕩漾，這才是我們眞正走向現代化的阻力，因爲不能中國化的人，怎會有心替國家現代化貢獻全力？

四、見證歷史，凡是批孔必定惹禍

中國文化包羅萬象，但自漢武帝時，接受董仲舒的建議，罷黜百家，獨尊儒術以後，儒家思想慢慢的發展成中國文化的主流。因爲它是發乎人性，本乎人倫，切於人生，告訴我們如何去建立一個眞正屬於「人」的社會，只要我們想過眞正像「人」的生活，就不能沒有它。它的學說看來雖似平凡，但無不都是人間的眞理常道，它是我們古代聖賢多少智慧和經驗的結晶，就如王安石詩所說的：「看似平凡最奇絕，成如容易最艱難。」因此，在未眞正了解儒家學說以前，不能輕易加以曲解，甚至詆毁排斥。也許透過歷史，來衡量一些行事的得失，比較容易看清事實的眞相，如歷史上那一個朝代破壞正統的文化，或假借儒家之名，而逞其私慾的，都得到悲慘的下場，如秦始皇的焚書坑儒，結果十五年而亡國；王莽託古篡漢，也沒有好結局；隋煬帝、元代漠視文教，國祚都極爲短暫；五四的批孔，而丟了大陸；中共的批孔揚秦，使他們各種的建設倒退了二十年。現在連相信馬克斯主義的中共，都覺悟到批孔的錯誤（也許是爲了統戰），並在民國六十八年於山東曲阜，召開了國際性的孔子學說討論會，孔子被讚揚是一位「偉大的哲學家、政治思想家、道德家和教育家。」憑良心說，我們今天是爲了維護傳統文化而反共，如果我們再把握不住復興文化的重心，或假借孔、孟之名，而行破壞文化之實，則國家前途令人堪憂，所以今天必須記取歷代批孔的教訓，且要認清中共又恢復尊孔的居心，加强傳統文化的薰陶，來激發國民的愛國情操，以團結民心，才是復國建國的當務之急。

五、弘揚文化眞精神才能迎頭趕上列强

爲了建設我們國家成爲世界上的一等强國，我們常常說要迎頭趕上歐美，如果我們不要自己的，而一味的去學習人家，等我們學了人家一步，人家已再向前二步，況且人家還會把最新的東西毫無保留的告訴你嗎？所以，如果我們只是跟人家學，不但永無迎頭趕上別人的一天，而且還會越走越落後。唯有光大自己的優點，再效法別人的長處，別人好的，我們盡量求其有；我們好的，別人未必有，這樣才能超越他國。可是我們大部份的國民，好像沒有這種觀念，因爲我們的教育從家庭到社會，從小學、中學到大學，給了學生一種錯誤的暗示，要有出息，必須到外國走走；我們的同胞還以我們留學生之多（僅次伊朗），而沾沾自喜。有人譏諷台灣的一些大學，好像是留美的預備學校，也不無原因。這

也許跟我們今天的特殊環境有關，但如我們不設法扭轉，恐怕問題會越發嚴重，這倒不是杞人憂天，大家看看留美學生最多的伊朗，他們的社會如何？台獨的大本營在那裡？我們堅信，能救中國的，只有中國文化的眞精神，因此，當我們在倡導新的社會運動時，應該避免對傳統的傷害，不然不但未見其利，反而先受其害。但很令人難過的，民國以來幾次有意義的運動，總是患了這毛病，如倡導新文化，則先反對舊文化；提倡新文學，則反對傳統的舊文學；提倡白話文，則先反對文言文；提倡西畫，西樂，則反對國畫、國樂；最近倡導新人際關係，則先說舊倫常已不適今天之用；這一切給我們同胞造成很大的誤解，凡是傳統都不好，在這種情況下，不但學不好人家的長處，民族自尊心也因此而喪失殆盡。

當然西方文明是有它的長處，只要對我們有益，都應該悉心學習，如果只爲了維護傳統而排斥它，就跟盲目的反對舊傳統文化一樣的無知。換句話說，文化不論中外古今，只要是好的，沒有不弘揚的道理，但實不必以打倒本國的爲前提，因中華文化本具有强烈的融合力，儘可把西方優秀的文化介紹進來，久而久之，一定會被消化吸收，而變成我們這一代的新文化，這也是我們當今開展新文化的正確道路。

六、開展文化要把握文化的精神

政府多年來，在寶島積極加强各種文化建設，已經有相當的成績，但是還沒眞正觸及到文化的核心，如中研院有歷史語言所、民俗研究所……等，而儒家思想發源地的我們，却沒有儒家思想研究所，或中國哲學思想研究所。大家也知道破壞文化比任何犯罪都要來得嚴重，如最近報載淡水英國領事館舊址借給商人拍電影，損壞古蹟，大家群起而攻之；又爲了開闢敎化路，林安泰古厝被拆，大家深感惋惜。那爲什麼損毁孔、孟，主張把線裝書扔到茅坑去，竟有人視若無睹，有人鼓掌喝采。到底孔、孟、線裝書重要？還是英領事館、林安泰古厝重要？縱使孔、孟、線裝書不好，如果要研究中國古代思想、政治、社會、文化……等各方面，不讀這些書，又如何去了解古代的中國？何況孔、孟、線裝書並非像他們所說的那樣，凡修己到治人、內聖到外王、成己到成物的大道理，無不包涵其中，我們想壯大自己的國家，却捨近而求遠，捨己而從人，這不但不是聰明之擧，而且可以斷言如此反其道而行，絕對無法建立一個具有中國特色的大中華民國。

七、以愛護文化的心還原文化的眞面目

一種學說或文化的產生都有其時代和地理環境背景，孔、孟學說和四書五經的每一句話，未必都適合於今天，但我們相信眞理該是萬古而常新的。也許有人會說，歷史上也有不少人在批評儒家或其他各家學說，爲什麼我們不能批評傳統文化？這話沒錯，但是他們都站在中國文化的立場談中國文化，彼此相輔相成，不但無損民族的自尊，而且還有助於文化的弘揚，並不像民國以來的新文化運動，不是站在馬克斯立場批評中國文化，就是站在西化立場批評傳統文化，目的只是一意的詆譭，而不在弘

揚，這就不是做一個中國人應有的態度。在各種不同背景下產生的文化，各有不同的特性，如强己同人，或强人同己，都非正確。中國文化不是不能批評，要看居心何在？要看會不會因個人逞一時之快，而給國家民族造成不良影響。只要出於愛護文化的心，提出中肯的改進意見，不但歡迎，而且也是每一位讀書人應有的責任。如儒家學說太重視「人道」（禮教會吃人，那種禮就不是儒家的禮教，因要合乎理的才是禮），把人當人看，要人自覺、自省、自悟、遷善改過，這種對人的尊重，是它的優點，但也是它的缺點，因太缺乏約束力了。有些人根本沒良心，叫他如何會覺醒？有人根本不是人，非嚴刑峻罰，如何能使他變好？呂亞力先生說得好，法的立場是把人先看成非人（見71.12.25.中央日報專刋），但我們願意承認自己非人嗎？今後如何把儒家學說，變成一套有力的制度，使在日常生活中，不管對政治、對個人的言行，都能產生積極作用，這是有志於研討中國文化的學者，必須加以注意的，如果只是因爲我們達不到它的理想，而就說它不好，那就證明我們在自甘墮落。傅斯年說中國思想處處落人後，但有很多世界漢學家都說中國的儒家思想有它早熟的現代性（見孔孟學報第四十三期孫智燊從大易生生之理看中西印思想）。所以今天我們談開展文化，必須還原我們文化的眞面目，重建國民對傳統文化的信心。

八、結　語

我們中華民族，是世界上極優秀的民族之一，又有美麗的河山和悠久的歷史，因而蘊育出我們博大精深的文化，一直在潤澤著我中華的子子孫孫，不應因一時遭到挫折，就完全否定它的過去，就像一個人，不能偶爾生一場病，便看不起他一樣。爲了國家的富强，我們必須加速現代化，目標至爲正確，而正統的文化，不但不會影響現代化，且有助於眞正現代化的實現。如日本明治維新採用儒家陽明學說的精神，很快的使日本走向現代化，他們得自論語的啟示，而成爲當今的經濟大國。所以我們今天要發展科技，不是學的問題，而是大家有沒有決心做的問題。我們要的不是表面的現代化，而是全國上下在觀念、言行上先能現代化。

筆者有一位學生在一中日合作的工廠當人事管理，他曾感慨的說：日本的技師到中國來，那種敬業精神，實在令人敬佩；反觀我們，廠長一家大小都在美國，自己本身也有綠卡；據日方說，我們派到日本學習的技術員，大多以玩爲優先，然後再談得上學習。（也許只是特例）回國後，因有一技在身，意見也特別多，萬一廠方對他稍加要求，便有此地不留人、自有留人處的要脅；如此職員與公司、員工與廠方，不能緊密的結合在一起，爲自己的公司來奉獻一切，誰還敢培養人才？像這種情形，我們工業如何會生根？科技如何會發達？難道這種盡忠職守的敬業精神，還要到日本、歐、美留學才能學到嗎？我們的古聖先賢告訴我們的，不都是這些道理？我們看看日本如何現代化，有沒有說把科技人才、體育人才、音樂人才……等，都要送到外國訓練，才能眞正成爲人才；重大的設計，一定要請外國顧問，才會有信心。我們現代化要徹底學人家，而日本、歐美現代化，到底誰學了誰？我們七十多年的教育，教育出的人才到那兒去了？如果不是基於傳統文化，先培養國民一股現代化願力，而勉强的現代化，也不是國家民族之福。所以今天如何使我們的文化更爲開展，使人人具有歷史的責任感和道德的良心，找回過去迷失的自己，才是我們能否扭轉時局，走向光明的關鍵。（巨橋33期）

從文化的涵義談到中國文化

一、論文化

所謂文化，離不開人類日常生活，它是人類爲了生活的需要所創造出來的，進而又能影響人類的生活，充實生活的內涵和提高生活的品質和層次。有的可以看見，有的只能體會；有的見於書本上，有的表現於人們的日常生活中。所以要給文化下一個明確周延的定義，並不是一件容易的事。美國有二位文化人類學者克魯伯（A. L. Kroeber）和克拉寇恩（Clyde Kluck hohn）在他們「文化概念及各種定義的研究」著作中，所列舉的文化定義有一百六十二個之多。如果就中國「文化」這二個字的涵義來說，文是指表現在外的現象，化有變化、創造、進化的意思。文化一詞正表示人類由與一般動物無別的時代，靠自己聰明才智和萬能的雙手，依自己所處的環境所創造出的一切，使人類由野蠻而邁向文明；它又會隨時空的不同，不斷的轉化，這種努力的總成績便叫文化。錢穆先生把文化分爲三個層次：第一是物質的，也可以說是自然的人生，或經濟的人生，這一層次是面對物的世界，目的是爲了生存。第二是社會的人生，或稱政治的人生、集團的人生。這一層次是面對人的世界，目的在求和諧快樂。第三是精神的人生，或說是心靈的人生，這層次面對的是心的世界，目的在求崇高。（見錢穆著文化學大義。頁七。文化的三層論。正中書局。）簡單的說人類文化不外乎物質與非物質二種。

一、物質文化

即地球原有物質和自然現象外，凡人所創造的有形東西，都叫物質文化，如爲食衣住行……等需要的各種有形的建設和所製造出的器物，都是屬於物質文化的範疇。

二、非物質文化

非物質文化，有人把它稱爲精神文化，又可分爲自我修養的文化和人際關係的文化二種：

1.自我修養的文化：它所指的是人的內在心靈世界，如一個人的人生觀、人格情操、智慧知識以及對人生的價值判斷等，這是偏重於修己、成己自我要求的文化，是抽象的，雖然個人的色彩很濃，但就同一民族而言，因爲生活在同一環境下，面對相同的事物，所以有關的思想信仰、道德修養等，絕對不是個人的單獨問題，一定具有它的傳統性和相似性。

2.人際關係的文化：人類社會是一有機體的組織，必須互相關懷，互相依賴，才能共生、共存、共進化、共繁榮。一個人一出生，面對的便是家庭，一走出家庭，便是社會國家，甚至天下人類，在廣大的人群裏，彼此如何和諧相處，各民族常有自己的倫理道德、風俗習慣、典章制度……等規範，這是人與人相互關係的文化。

非物質文化常見於歷代著作中，如中國的經學、子學、史學、文學、藝術……等不同的典籍中所談的都是。有些則需從日常生活裏，靠細心的去體會觀察才能得到。

所謂物質文化與非物質文化，其間有密不可分的關係，如有人常喜歡說西方文化偏重於物質，東方文化偏重於精神，其實如果不講物質則精神容易流於空虛、浮泛，甚至成爲高調而不切實際。何況在物質層面中，常常也包括了精神內涵，如一棟渾厚牢固具有特色的建築物，它也代表著人類技藝的進步、高尙的情操、施工時負責的態度和特殊的理想；如果該棟建築物偷工減料，草率了事，所反映的便是道德低落而缺乏高度的精神文化。又如有些國家製造核子武器目的是爲了維護世界和平，則其背後具有高度的精神文化；但如果是爲了殺傷人類，逞其霸道，則屬於野蠻的文明。所以不能忽視物質文化，它常常是精神文化的具體展現者。至於精神文化則是創造物質文明的核心力量。依照常理推論，假如有高度的精神文化的國家，其社會應該會具有高度的物質生活水準才對。但世界上有一些具有高度精神文化的國家，其物質建設却未必發達，這可能有二種原因：一是迷惑於一般人所謂高度的科技成品和繁榮的工商社會，以爲這是一種進步的文化，然而如就人類眞正的幸福而言，這種的物質文明，並非進步，而是一種反文化的象徵。二是所謂高度精神文化，可能只剩下外表的軀殼，而無眞實的內涵；它只是經典書本上的文化，並沒落實在實際生活上。因此，我們討論文化問題，不能只注意到它的表層，就妄下定義。錢穆先生說：「文化一詞包羅萬象，實則不外二字，一曰人，一曰事，人必與事，事必屬人，言文化猶言人事。」（70.7.聯合報副刊）所以談文化，必須檢討過去，面對現在，考慮未來，不管是物質的，或非物質的，只要它能顧慮到全人類的平安和幸福的，使人人活得愉快，這樣的文化，才是一般人所需要的好文化，也才值得我們提倡。

二、文化與文明

文化（Culture）與文明（Civilization）不大容易分別，於是有人乾脆合而不分。到底這二個概念有何不同呢？我們先看看中國古書裏提到這二個字的用法：劉向說苑指武篇：「凡武之興，爲不服也，文化不改然後加誅。」王融三月一日曲水詩序：「設文理以景俗，敷文化以柔遠。」這裏所指的文化，偏於文治教化，是能使人類社會向善的一面提升的力量，這種文化當然包括物質和非物質兩種。至於「文明」是指人類開化的狀態，偏於可以看得出的有形現象，一般常做形容詞用，並與野蠻相對。易文言：「見龍在田，天下文明。」孔疏云：「陽氣在田，始生萬物，故天下有文章光明也。」依照孔疏的意思，凡人類所創的，到達某種狀態，比較可具體看得出的，便叫文明。文化是由動詞轉爲名詞，文明則由形容詞轉爲名詞，二種相近，但稍有不同。有時常聽到某人批評某一個國家，有文明而沒有文化，是說它的社會已停止在低俗的物慾層面，而沒有在精神上再去追求更高的人生理想。德國斯賓格勒認爲：當一個民族或帝國在全盛時期，這個時候的社會與知識典型是屬於文化的，當過了全盛時期而且發生僵化與停滯現象時，這個時候就是所謂的文明。英國湯恩比也說：「世界歷史是一連串文明的結合，每一種文明在發展過程中，就叫文化。」（見Edward Monall Burns著周恃天譯西洋文化史，頁三二，文明與文化，黎明文化事業公司。）斯賓格勒、湯恩比二位都說出文化與文明的不同，但是不夠具體明確。簡單的說，在人類文化演進的過程中，每一階段所展現可以代表當時社會比較具體的成果，便叫文明。

三、中國文化

中國文化又稱中華文化或華夏文化。有人認爲「中國」與「中華」有別，「中國」是以「中外別地域之遠近分」，「中華」是以「華夷別文化之高下分」。所以用「中華」二字本身就具有文化上的自我肯定。但今天用「中國」、「中華」在含義上並無差別。

既然文化是指人類所創造出一切，那麼所謂中國文化，乃由中國人，因受中國地理、人文環境的影響，所創造出來具有中國特色的文化；但這種文化並非一成不變，幾千年來，由於時空的改變，中國文化也一直不停的在演進變化，以求適應不同時代的需要，一直到今天，我們還能感覺得到、看得到有關中國人的精神特質，和歷代相傳所累積下的成果結晶，便是中國文化；它不同於西歐文化、美國文化，是中國人所特有的，它不是古代、中古或現代的中國文化，而是從古到今能代表眞正中國的文化。也許現在的中國社會存有一些的缺失，就如梁漱溟所說的，中國人自私自利，身家觀念重，不講公德，如一盤散沙，不能合作，缺乏組織能力，對於國家及公共團體缺乏責任感，徇私、廢公、貪私。守舊、好古薄今，因襲苟安，極少冒險進取，安土重遷，一動不如一靜，馬虎、不求精確……等（見梁漱溟著中國文化要義。正中書局）。不錯，這些都是近代中國文化的一部份，我們必須加以反省檢討改進。但絕不能把這些陋習當作中國文化的正統和主流來看，我們今天所要弘揚的，是中國文化博大精深和對人類社會有積極貢獻的那一面；而不是將國民一、二陋習，當作一般例子，予以渲染醜化，或故意加以誣衊歪曲的中國文化，這也是身為中國人或有志於中國文化研究者應有的立場。

四、中國文化要義

中國歷史悠久，從古到今，文化無所不包，到處無所不見，由於太過於廣泛，難怪有些人雖然成天的在喊復興中華文化，但一旦問他什麼叫中華文化，一時也難於具體的說出所以然。所以要了解什麼是中華文化，先要探討形成中國文化的特殊地理環境和人文背景，然後再看看它的成長、變化、衝突、調和、衰微和如何的復興，這些過程的研究是屬於文化史的範圍；而唯有透過史的了解，才能眞切的把握住中國文化的樞紐。然後再將中國文化的內容，擇其重要有代表性的，如中國人的性情、習慣、民俗信仰、生活消遣，以及中國的社會型態、政治制度、經濟結構、語言文字、經學、思想哲學、史學、文學、教育、科技、建築……等重要內涵，作一扼要的分析歸納，並與四周的鄰國文化、歐美文化作一比較，希望能發現中國文化別於其他文化的特殊精神，而一一的加以突出。例如中國文化特別重視人文精神，講求天人合一，勉勵人要重視現實人生，要合乎中庸之道，不走極端，又中華文化具有强大的兼容並蓄的融合力，因此可大可久，圓融而早熟。這種文化不但是我們國家生存發皇的寶貝，它對整個世界人類未來的前途，如何建設眞正幸福的社會，也具有指引的作用。因此中國文化與世界文化的關係，也必須進一步的加以比較研究，從中或可看出中國文化對未來世界扮演何種角色。但很令人遺憾的，在新文化運動的當頭，中國傳統文化曾受到無情的攻訐和摧殘，這也是造成今天中國之所以分裂的原因之一。在大陸上四人幫瘋狂的從事文化大革命時，可稱得上是中國文化史上的黑暗時代，也因而使大陸上的各項建設倒退三十年。破壞文化比任何犯罪都要來得嚴重，所以文化運動對國家民族的前途，到底產生何種的影響，實在有徹底反省的必要，好作爲日後文化建設的前車之鑑。在台灣多年來高喊著中華文化復興運動，雖然也有不少的成果，但我們復興文化的動機、目的何在？在做法上有沒有把握住重心，又有沒有輕重緩急的區別，這些都是關心中華文化的人所應注意的問題。

社會上各種問題，常是由文化問題所引起，所以要解決問題，唯有從文化問題入手。因此要了解中國，或解決中國問題，必先要了解中國文化；那麼如何去認識中國文化？必須從中國文化的形成、發展，到它的內涵、特質，以及與世界文化的關係，和未來的展望作一完整的探討，才能看清楚傳統中國文化的本來面貌。希望藉此能激發國民對文化承傳的責任感，人人以弘揚傳統的優美文化爲職志，進而由於文化的復興而導致國家民族眞正的復興。（孔孟月刊22卷2期）

別把國民陋習錯當正統文化看

梁漱溟在中國文化要義一書中，指出中國人的十項特質，其中有優點也有缺點。在缺點方面大概有三項：第一認爲中國人自私自利，身家觀念重，不講公德，如一盤散沙，不能合作，缺乏組織能力，對國家及公共團體缺乏責任感，徇私廢公及貪私等。第二是守舊，指好古薄今，因襲苟安，極少進取冒險精神，安土重遷，一動不如一靜等。第三是馬虎，指馬虎籠統，不求精確，不重視時間，不講數字，敷衍因循，不徹底，不大分彼此，沒有一定的規律等。梁氏並沒因中國人有這些缺點，便完全否定中華文化的價值，反而一生爲弘揚固有的文化……不遺餘力。因爲天下很難得有十全十美的人，一種文化，一個民族也是一樣，絕對不可能完美無缺。梁漱溟所指出我們國民的這些陋習，那是不可否認的事實，也是中國文化的一部份，但爲了中國的繁榮壯大，我們不必護短，必須加以批判，反省檢討，以還我們民族的清明之氣。然而文化包括的範圍甚廣，如果我們把這些國民的陋習，當作中國正統文化的典型來看的話，那未免太辜負我們的祖先了，這種人若不是喪心病狂，就是證明我們這一代子孫在自暴自棄。

什麼才是正統的中國文化呢？以中國悠久的歷史，不知有多少古聖先賢，他們的學說思想和偉大的人格，所凝聚而成的凛然氣節，無一不是中華文化的眞精神，這不是三言兩語便可說盡的。不妨以孔、孟學說爲主的儒家思想來說吧，只要稍微讀過四書五經的，起碼會有下列幾點的體會：

一、超越法律的道德觀

今天很多談中華文化的人，動不動就說儒家的人治妨害法治社會的建立，其實孔孟所談的並非普通的人治，而是德化的政治，孔子、孟子爲何不特別强調法的重要性呢？因爲人之所以爲人，本就應該知道遵守社會公共秩序，和分清權利義務的關係，如果一個人一定要在嚴刑峻罰下才能循規蹈矩，那跟一般動物又有什麼不同？這完全是出自對人的尊重。可是却不能因此誤會孔、孟是反對法的，我們查遍孔、孟的書，他們從沒反對過，只認爲「法」並不是人類社會的最高理想，唯有那可展現人性光輝的道德行爲才值得鼓勵。所以在今天談儒家的道德觀之前，別忘了孔、孟的本意：只要是人，都應該做到遵守維護社會和諧的法律規章。如果連這基本都做不到，還談什麼道德。

二、天下爲公的大同觀

禮記禮運篇孔子說：「大道之行也，與三代之英，丘未之逮也，而有志焉。」孔子所指的「大道之行」，就是堯、舜天下爲公的社會，因爲堯、舜把國君看成是爲民服務的，當然可做可不做，不以天下為私有，自能禪讓，因此孔子才特別推崇他們。至於夏、商、周三代之英，只是一家天下的小康局面，那是孔子不得已退而求其次的目標，並非就是他心目中「天下為公，世界大同」的理想，我們今天談政治、談經濟，如果沒具有這種崇高的理想，我們深信還是無法眞正解決人類社會的種種問題。

三、推己及人的忠恕觀

中華文化最大的特色是以「人」為出發點，就整個人生來說，不外乎在追求自我的安心和外在環境的和諧。所以整個儒家的精神就是在强調人際的關係，凡事要求盡其在我，便是忠；進一步要推己及人，將心比心，便叫做恕。大家本「忠恕」而行，彼此互相關懷，心心相通，自然可減少人間的紛爭，這乃是建立一個安定和諧社會的基本要件。

基於以上的三個前提，可以看出儒家所談，都是本乎人心，發自人性，合情合理，而為人人所必行的常道。因此，只要這個社會是人的社會，怎可能不需要它。

最近中國時報發表一篇王作榮先生「中國文化與現代生活」的演講稿，提到要過現代生活必須具備五項要求：㈠嚴守法律與公平原則。㈡公利、私利分明，每一個人都不得因私利而損害公共利益。㈢服務團體，講求合作，互相配合。㈣貢獻與報酬相當，權利與義務對等，各取分內之財。㈤公平競爭，冒險進取，追求成就。以上的的確確是我們國家現代化國民所應具備的觀念和習性，但王先生所提的這五點正是正統文化的精神所在，也是目前一些從事文化建設者所極力鼓吹弘揚的。因此如果捨中華文化而弗由，却要國家現代化，那實在有如緣木求魚，以上的五點也等於白說了。

王先生把現實社會妨害現代生活的一些陋習也提出批評，他說我們的社會喜歡講人情，走門路，貪便宜，公私不分，經常爲私利而損害公利，人人各自爲政，互不相讓，互相傾軋，只問報酬，不問貢獻，只享權利，不盡義務，千方百計取得分外之財，投機取巧，詐騙豪奪，享受別人的成就等。但我們翻開四書五經和昔聖先賢的著作，告訴我們的絕不是這些。然而這種陋習是怎樣形成的呢？只要平心靜氣的加以反省，將不難看出，那是自清同治以來，正統文化萎縮，眞精神不得弘揚；又在新文化運動時，舊文化受到無情的攻擊，整個民族自信心因而崩潰，學人家又只學到一些皮層，整個社會缺乏自己的文化理想，這才是今天現實社會種種怪現象形成的癥結所在。

近幾年來，世界經濟不景氣，但在亞洲受正統中華文化影響的日本、新加坡、韓國以及我們，尚能保持些微成長，並不是沒有原因的。憑良心說，今天在國內所見到的儒家思想已相當淡薄，我們經濟建設尚有如此成績，還要感謝中華文化的賜予，如果有一天儒家的眞精神能全用出來，那我們的社會豈不是眞的成爲大同世界。所以今天的文建工作重點，就是要把國民壞的陋習加以抛棄，而好的盡量給予闡發，如中國人重視家，是以追求家庭幸福爲基礎，進而又能考慮到國家和天下人的幸福。談家庭倫理，推而廣之，主管與部屬，老闆與員工間，也要有一定的倫理關係，人人守本分，盡自己所應負的義務，這才是儒家的眞面目。今天我們要經濟起飛，難道那不是每個國民應有的最起碼修養嗎？

（孔孟月刊21卷8期）

中國經學的人生常道

中國自新文化運動以來，國人對於傳統的經典一直有很大的誤解，有不少人把國家近一、二百年的積弱，認爲是文化的包袱所致，而經學是中國文化的骨幹，爲了救國，擒賊先要擒王，經學便首先遭了殃。又逢這一個時期，正是西方科技蓬勃開展的時刻，他們憑著强大的國力，向外侵略，盛氣凌人，中國也淪爲列强的俎上肉，任人宰割。在文化上同樣的歷經幾度歐風美雨的激盪，因而造成民族自信心的喪失，於是有很多人總覺得中國一切不如人，連一些國粹也都加以懷疑，當然包括經學的學術思想在內。又因經書是成於二千多年以前，文字較爲古奧艱深，如果沒有相當的文字素質，很難了解它的精義所在，自然會有所誤會。另外經書所談的道理，是屬於整個生命的學問，與一個人的人生歷練息息相關，對於一位涉世不深的年輕人來說，不大容易體會出其中的可貴境界，於是難免由隔閡而產生誤解，甚至於排斥。基於以上的種種原因，反對讀經的聲浪，一時風起雲湧，經學地位，每下愈況，往昔國人那種「柔日讀經，剛日讀史」的情懷不見了。有人還擔心中國經學將會被消滅於不久的將來。但是如就經學的特殊意義，以及它所蘊含的人生常道來看，目前所遭遇的困阨應該是暫時性的，它的精神必然萬古常新。

一、經書的意義

中國經學在中國文化史上具有特殊的意義，它是中國先民經驗和智慧的結晶，絕不只代表孔子或儒家的經典而已；而是我們的祖先在中國的土地上，所形成的文化典型。如易經是古代占卜風氣下的產物。書經則是虞、夏、商、周的政治檔案。詩經則是當時歌謠的集大成。禮樂則是當時人與人或人與鬼神間的行爲規範和宗教儀式。春秋則爲魯史的大要。早在周公時代已具有某種的雛形，孔子紹繼周公遺緒，又重新加以贊修編纂，六經才趨於完備，並以此作爲教材，教導弟子，且發揚光大；到了西漢，董仲舒建議漢武帝，罷黜百家，表彰六經，獨尊儒術，一直到清末康有爲，經學都是中國學術文化的主流，所以不通經學，就無法眞正了解中國文化。

何謂經？歷來有很多的詮釋，有人以簡册二尺四寸長的爲經，有人以經只是代表某家的立論，又有人認爲它是對傳而言。再就經義理上的涵義來說，又有徑、道、由、常、法、則、理……等不同解說。漢鄭玄以不易者爲經（見孝經注），梁劉勰說：「經也者，恒久之至道，不刋之鴻教也。」（見文心雕龍），熊十力也說：「經者，常道也；夫常道者，包天地，通古今，無時不然也，無地而可異也。」（見讀經示要）尙有其他各家對經都備極推崇。其實經所談的不過是人生的常道、常理，正因爲它是「常道、常理」，所以只要這個社會還是人的社會，就不能不要它。

二、經的人生常道

經書中所談的人生常理、常道重要的有那些呢？我們可先從常人的願望和人生所面臨的問題來看，一般人無不想活得安全舒適、快樂而有意義。因此，如何安頓自我，人際關係如何協調，人與自然萬物如何合一，都是每一個人極待解決的課題。雖然其間的關係錯綜複雜，但應有常道可循；中國經學便是在這種情形下發展而成，所以它對人生才具有一種導引的作用；其遵循的常理，重要的有下列幾點：

(1)發乎人性，本乎人倫：人是萬物之靈，除了具有一般的動物性外，更具有特殊的人性，孟子說：「人之異於禽獸者幾希」，便是指著與動物不同的人性而言。中國經學便是以人為本，但必須將動物性作適度的限制，不能役於形而下的物，但也不能受制於不可知的神。為了對人的尊重，承認人應該有向上的一面，所以孔子强調仁心，孟子倡導良知，這是人與禽獸最大的區別所在。人應本著人性原有的善端，積極弘揚，以建立人與人、人與物間的倫理關係。所以中國經典特別重視父慈子孝、兄友弟恭、仁民愛物……等倫理道德，這些都是建設和諧社會的基礎。

(2)面對現實，不尙虛玄：人是來自不可知的大自然，最後又要回到冥冥的世界裏，這二個空間是無數宗教家、哲學家所極欲探討的。中國經學雖然也談行善、積德以存福，如易繫辭傳就說：「積善之家必有餘慶」，但絕不談前生來世，只要人把握有生之年，扮好各人的角色，盡各人所應盡的責任，才是眞實的人生。如透過易經可以洞澈人生的哲理，使人人得以安身立命；透過書經可以想像先聖先王治國理民的偉大理想和人格風範；透過詩三百篇，可使人的情志得到適當的表達，以建設溫柔敦厚的社會；透過禮教，可端正名分，使人的行爲知有所分寸，不踰越，彼此相敬愛；透過樂，使大家的情感能相互交融，不分人我，相通相感，使人間充滿一片祥和；透過春秋，可從歷史的事件中，獲得借鏡，以避免人類的悲劇一再重演，使我們的社會能永遠幸福溫馨。這些都是現實社會的人生常道，具體而不玄虛。

(3)庸言庸行，允執厥中：「中」是人生的正道、常道，程伊川語錄說：「天地之化雖廓然無窮，然而陰陽之度，日月寒暑晝夜之變，莫不有常，此道之所以爲中庸。」天道卽以中爲準繩，而群經的一些庸言、庸行，也無不以中道爲依歸，如易經六十四卦，只要合乎中，無不是吉；爲政合乎中，才是善政；禮、樂必須中情、中節，才是眞禮、眞樂；禮記中便有中庸一篇，對中庸的道理，闡發得最爲透徹，「中」絕不是一般所謂的折中，而是以誠爲出發，善爲終極。所以中以待人，中以處事，把握「時中」也是中國經學的基本要道。

(4)圓融並包，共生共榮：孔子生於春秋衰世，他那種悲天憫人的胸懷，和淑世濟民的大志，完全寄託在六經中，它雖然是二千多年前的著作，但却看到了千萬年後人類該走的坦然大道，早熟圓融。如春秋大一統的精義，禮記禮運「天下爲公，世界大同」的理想，今天任何政治學說對人類社會的企盼，未有能超越此種境界的。人的問題仍出在人的身上，而要達成天下一家的願望，則先要喚起人心的覺醒，樹立人性的尊嚴，發揮人道精神，唯有共生、共存、共繁榮、共進化，人類才有前途。群經所展現的便是這種放眼世界，胸懷天下的偉大抱負。

⑸下學上達，超越時空：中國經典所强調的雖然是今生今世的合理生活，但絕不贊成只知道有現在，而不知道有過去和未來的。經典的時空境界相當寬廣，因人的年壽有時而盡，活動的空間也有一定的限制，如果一個人只執着於目前的一切，未必就能活得開心滿意，所以只要一口氣還在，就必須不斷的自我奉獻，爲全人類和子子孫孫謀幸福，以突破生命的時空限制，使道德生命能隨大我的不朽而不朽。左傳襄公二十四年：「太上有立德，其次有立功，其次有立言，雖久不廢。」這就是所謂精神生命的永恒。三不朽可靠個人的修養和努力而達成，所以孔子勉人不但要做到「盡己」的「忠」，更要做到「推己」的「恕」，因唯有能推己及人，才能眞正的成全自我，所謂「人我合一」、「物我合一」、「天人合一」的理想人生，方能實現。

以上都是建設完美人生所不可或缺的常理要道，這些道理也都是宇宙自然的法則；人既然生於天地間，人道與天道的合一，也是極自然的現象。天無所不覆，地無所不載，大公無私，人也應該效法天地，敞開胸襟，由內聖到外王，成己到成人、成物，兼融並修，不斷的提升道德層次，點燃生命的火焰去照亮別人，進而關懷家國天下，行仁、行義、合禮，與人群和諧相處，人生才有快樂可言，中國經典的常道便是建立在這種架構上。

三、經當萬古常新

常道、常理是宇宙之所以能生生不息的要道，這是我們祖先的偉大發現，也是中國歷代爲何特重經學的原因所在。然而，正因爲其平常，却容易被忽略而不加珍惜，歷史上不斷的戰亂循環，多少人類悲劇的發生，便是這種常道的失落，不知它的道理乃是平常中的不平常，平凡中的不平凡。今天我們想救我們的國家，應該將失落的經學精神重新恢復起來才對；但不幸的，民初以來的文化大變動，有不少人却把反常當正常看。我們相信當時反應、反舊文化的人士，或是出於一時的權宜之策，並非眞的不要經、不要舊文化，就如吳稚暉在民國十六年左右，也只說過把經書丟到毛厠裏三十年（見吳稚暉學術論著），在民國二十四年胡適也承認在二、三十年後，新經學的成績積聚得多了，經學仍可充作一般人的讀物（見讀經問題胡著我們今日還不配讀經），新文化運動的健將傅斯年，在他主掌臺大以後，竟規定孟子、史記爲大一國文教材，便是最好的證明。如今民國已邁入七十三年代，有人連經書是什麼都還不清楚，也在那兒反對讀經，這實在令人擔心，因反常的結果，將會使自己走向異化、非人化而不自知，那將如何使國家富强？由於時空的改變，經書的一些儀文制度未必全適用於今日，但它的常理、常道應該萬古而常新。所以今天的當務之急，應該從經書中找回失去的人生常則，做爲立國精神；並針對目前的需要，認清過去，展望未來，將經學的常道落實於生活的層面，好爲國家、民族開創光明的前途。（73. 3. 5.青年戰士報）

經學精神的重振

教育部與文復會、孔孟學會聯合舉辦的經學研習班第四期，於七十二年二月三日晚上七時，假建國中學討論室舉行結業典禮，由總統府陳立夫資政、教育部朱滙森部長、文復會陳奇祿秘書長共同主持。本期開有孟子班、禮記班二組，學員近三百人，有年逾七十好學不倦、老而彌堅的長者，也有年僅十九歲的學生，有退休的將軍，有二毛幾、三毛幾的警官，有現職公司的董事長，也有市府單位的主管；大家聚在一起，不管刮風下雨，或是寒風刺骨的夜晚，不厭不倦的鑽研中國傳統的四書經典，以此不但證明社會上仍有不少好學的人，也證明我們中國歷經七十年痛苦考驗後，慢慢發現中國傳統的人文精神，對於今天的社會仍具有指引的作用；而傳統的人文精神，就滙萃在儒家經典之中，所以今天大家能重視它，就整個國家、民族的前途來說，是一件令人可喜的事。

自滿清中葉，西方勢力東漸以後，本已腐敗的清廷，面對列强的船堅礮利，簡直毫無招架之功，於是對外戰爭屢次失敗，被迫訂下一些喪權辱國的條約，不是割地就是賠款，人爲刀俎，我爲魚肉，幾乎變成了列强的次殖民地。於是便有不少的人士，開始懷疑，是否因傳統文化的包袱，才導致國家如此的衰弱，並且慢慢發展成一股反傳統的巨流，如反中國文字、反古典文學、反國劇、反禮教、反倫理道德……等，尤其代表中國文化的儒家經典，更遭到無情的詆毀，甚至有人醜化孔、孟，主張不要孔、孟，要把線裝書扔到茅坑去。在民國二十三、四年，學術界曾有一場讀經問題的論戰，看到一些似是而非的偏激立論，只要稍具有經學修養的，是非自可分明。但很不幸的，儒家經典的尊嚴，就在這種情況下崩潰了。有人曾感慨的說：「中國的經學將會被消滅於不久的將來」。如果眞的如此，那將是國家、民族的悲哀。其實我們如肯仔細的加以檢討的話，便會發現清廷的腐敗，社會的墮落，科學的不發達，並不是文化的本質有問題，而是由於文化的萎縮，其眞精神不得弘揚所致。當時雖然標榜的是儒教社會，但從上到下，日常言行，到底有多少是合乎孔、孟的眞精神，例如合乎理的才是禮，那些會吃人的禮教，我們翻遍孔、孟的書，也從未發現，但如果有人故意加以曲解、誤解，那就另當別論了。我們可大膽的說，當時被攻擊的一些怪現象，都不是正統文化的本來面目。假禮教、假道德應該攻擊，但是，眞禮教、眞道德可以不要嗎？所以當時如果眞的想救中國，應該積極弘揚文化的眞精神，並且躬行實踐，徹底的從根救起，才是正途。不過也許那時由於大家愛國心切，缺乏深思遠見，居然走上了反文化的道路。中國本就像一棵失去生機的大樹，那時又連根的被拔起，如何叫它能繁榮壯大？因此，不管主張西化或馬克斯化，縱使能救中國於一時，絕無法救中國於永久，這也是政府播遷台灣以來，勵精圖治，積極復興中華文化的重要原因。但不可隱諱的，新文化運動的陰影仍然殘留於今天的社會，所以今天雖然工商發達，社會繁榮，我們仍然感到社會好像缺少什麼似的，明白的說，就是缺乏中國人應有的那一份自尊與自信。

中國儒家經典，由於是二千多年前的產物，難免有一些枝節必須加以權變才能應用，但我們堅信眞理應該是萬古常新的，爲了愛護它、弘揚它，當然要不斷的吸取新文化，甚至也可以提出檢討，不然將會使它老化。歷代有不少學者，就是從事這種工作，縱使有相反的見解，但仍然是站在中華文化的立場來談中華文化，如此不但無損於儒家，而且還可收到相輔相成的效果。絕不像民國以來，有不少人站在西化或馬克斯的角度來否定它，結果不但新的無法建立起來，連民族起碼的自尊也因而喪失殆盡，這就不是做一個中國人所應有的態度。所以今天談文化必須站在比較中肯的立場，因爲中華文化是我們民族生存發皇的根，破壞它比任何的犯罪都要來得嚴重。例如淡水原英國領事館，前幾個月借給片商拍電影，因古跡被破壞，大家群起而攻之；又如林安泰古厝因開路而被拆，大家深感惋惜，決定覓地重建，足見國人對傳統文物的重視。但很奇怪的，有人不要四書經典，我們却無動於衷，到底是英國領事館、林安泰古厝重要呢？還是傳統經典重要？如果我們想了解古代的中國，不讀這些經典，如何去了解它。何況儒家經典絕不是一般人所想像的那樣落伍，它可說是我們祖先智慧和經驗的結晶，所談的無不是修己治人的道理，只要是人的社會，就不能沒有它，看來雖似平凡、平易，但其中却蘊藏無限的人生哲理，以及對人類前途的崇高理想。今天我們放眼天下，一片混亂，美、蘇的強大，只有徒增世界的緊張，除非我們不想救這個社會，那就算了，如眞的想爲人類幸福着想，那麼儒家經典的人道精神，是唯一可走的坦然大路。

儒家經典精神，最可貴的就是告訴我們如何做人的道理，因爲人畢竟不同於一般動物，有良知良能，懂得禮，懂得義，還要不斷的自我提升；但有些人却偏偏想要自甘墮落，不知希聖希賢，自反自省，憑儒家對人尊重的精神，實在缺乏强勁的約束力。所以今天如果欲重振儒家經典的精神，必須將儒家經典的崇高理想，化成一套有系統的制度，使它對政治及一般人的言行產生積極作用，藉以建立現代化社會，才是全體國民應該共同努力的目標，而不是在那兒空談道理而已。我們深信儒家經典的思想不但不會影響科技發展和國家的現代化，反而必須在經典精神的指導下，才能使我們的科技生根，也如此科技發展才能有益於人生。換句話說，本乎儒家精神的現代化，才是眞正屬於中國的現代化，也唯有這樣的現代化，才能救中國、救世界。

不久以前台灣省議會有近六十位議員附屬提議通過了兩個議案：其一是希望政府加緊弘揚四書的精神，其二是建議政府成立經學研究中心。省議會這兩項提議，具有不尋常的意義，一方面表示被忽略了六、七十年的四書五經重新被肯定，必須趕緊加以整理、研究、弘揚，來對抗離經叛道的中共。另一方面是發現經典可貴的人倫精神，可以挽救今日只知「功利」，不知「道義」（如經濟犯罪、仿冒商標、偷工減料、倒會……），日趨下流的工商社會；從經典中來喚醒國民的良知，建立國家民族的一體感，大家多付出一些愛心，彼此相互關懷，不再疏離，使我們在和諧安樂的社會中，共生、共存、共繁榮。但願政府在經濟不景氣，積極推展工業升級的當頭，不要忽略如何使工業升級那一股精神力量的培養。因此應該重視省議會所提來自民間的精神需要，如果能因勢利導，給予鼓舞，一切的建設自然可收到事半功倍的效果。（孔孟月刊21卷6期）

有感於「星政府之尊崇孔子」

二月七日聯合報轉載合衆國際社星加坡三日的一則電文：「星加坡第一副總理兼教育部長吳慶瑞今天說：星加坡政府將把孔子的倫理思想納入學校教材。吳慶瑞在記者會中說：李光耀總理建議把孔子儒家思想納入教材，國會已於上週通過這項建議。吳慶瑞又說：李光耀像他本人與老一代的星加坡人一樣，非常擔心年輕一代缺乏文化的穩定力量，認爲儒家倫理可以解決這些問題。」當今社會風氣的敗壞，誠如星加坡李光耀總理所云：「年輕一代缺乏文化的穩定力量。」彼邦如此，我國尤然，這是大家有目共睹的事實。他們認爲孔子學說對星加坡學童是有益的；反觀我們，有不少人一直還在懷疑儒家思想的永恆價值，縱使相信它的，也不能切切實實的去躬行實踐。這就是我們國家百年以來一直動蕩不安的主因。

孔子學說之所以可貴，乃在於「盡人之性」四字，由盡人性以至參贊化育，無不從告訴我們如何做人開始，只要人人遵此而行，以陶鑄高尚的人格，社會自然安定和諧。可是今天一般人，卻常常受到不同的價值觀念所左右，一味的去追求身外之物，忽略了人生的眞實意義，於是社會問題接連而生，如瘋狂的更瘋狂，墮落的更墮落，虛無者恍惚終日，不知何所適從。看到這種現象，怎能不爲人類的前途感到憂慮。其實人生至高的價值，應在自我道德的提升，也就是孔、孟經常勉人的：如何去做君子，去做聖人。這完美人格的要求，完全操之在我，只要有心爲之，希聖希賢，又有何困難。假如人人都能如此正視自我的價值觀，才是國家繁榮壯大和社會安定的保證。彼邦政府有鑒於此，我們更該警覺。

蔣總統　經國先生，於本年二月三日主持國民黨中央常會，特別勉勵國人，要激發革命精神志節，開拓中國統一道路，支援大陸同胞奮起推翻中共政權。我們如何去實現此一訓示呢？唯有從傳統中建立起自己對國家、民族的信心，並將傳統文化的眞精神見諸實際行動，如此建國、復國的工作，才能期其早日完成。這實有賴執政者的倡導，來啟發全民的自覺。自來風行草偃，見諸公令之提倡，甚於民間千萬倍。如西漢武帝罷黜百家，獨尊儒術，國力盛況空前；光武帝「遭漢中衰，羣下糜沸，奮起布衣，紹恢前緒，征伐四方，日不暇給，仍能敦尚經術，賓延儒雅，開廣學校，修明禮樂。武功既成，文德亦治」。因此，蔚成中興大業承平達六十餘年。凡此，皆尊崇儒術，而致休明的歷史見證，其外不勝枚擧。

星加坡二百多萬人口中，有百分之七十是華人，早年爲英國殖民地，位處海運交通要衝，是西化較早的繁華都市，對西方文明的體會濡染已特別深刻。該國教育部長吳氏說：「有些接受英國教育的人，發覺他們自己爲西方自由民主哲學所欺騙，相信這是星加坡生活所應有的方式。我們對此不表同意，如果我們採取愚蠢腐敗的西方方式，我們將在短時間趨於毀滅。」基於這樣的觀點，星加坡政府才決定用儒家的倫理道德，來培養具有正直性格的人，使人類的天良不致被物欲、私欲所朦蔽，而產生無窮的弊端。這一消息應是中國人特殊的光榮，也很值得我們多作反省，然而卻僅見於聯合報及自立晚報小方塊，國人對孔孟儒家思想的漠視，與缺乏認識由此可見一斑，方之星國，寧不汗顏。須知孔孟思想乃是我國立國的精神，而且是永不淪喪的精神堡壘，比起美國是否賣精密武器給我們，可能更爲重要。假如蔑視其本，縱使國家如何現代化！或揠苗助長的西化，也決非國家之福。（孔孟月刊20卷6期）

孔子的歷史觀

孔子生於王綱失紐，諸侯相互征伐，君不君，臣不臣的春秋衰世，眼看生靈塗炭，人性日趨下流。於是他抱着一腔救世救民的熱腸，周遊列國，奔波呼籲，希望能實現他的政治理想，以挽狂瀾。但是那些利令智昏的各國國君，所看到的只是眼前的權勢，那能聽進去什麼仁義道德。孔子在失望之餘，只好回到魯國，聚徒講學，並編輯六藝經典，作爲教材；希望藉教育的力量，來誘發人性的良知，期人人都能自省自悟，回心向道，以重建和平幸福的社會。尤其是春秋一書，乃歷史之紀錄，孔子編本書的最大目的，是要國君、時人，能珍重歷史，了解什麼叫大是大非，而知所警惕。所以孟子說：「孔子作春秋，而亂臣賊子懼。」

前事不忘，後事之師，歷史本身就是一面鏡子，這一面鏡子不但關係着國家的存亡，而且與整個人類的幸福也是息息相關，所以歷史不管是治世、亂世、善人、惡人，貴在能秉筆直書，以留下人類眞實的活動紀錄，使好的可作爲典範，壞的足以昭烱戒，這樣歷史才有眞實的意義。所以孔子修春秋經，不管好壞是非善惡都分得很清楚。因此，當我們在讀春秋之際，便會感覺到有一股凛然正氣在，這才是成功的歷史著作；也唯有這樣的歷史，對人類、社會才會有積極的影響。雖然孔子有時也會隱惡揚善，但都無關歷史的大局，完全是出自仁厚的本心，決非昧着良心說瞎話。更非像今天的島國日本，顚倒是非，僞造歷史。像這種事，也唯有日本和共產以及資本主義國家才做得出來。

東鄰日本，平心而論，不管從民族或文化上說，與中國都有不可分的關係。但日本自明治維新以後，正好遇到中國最衰弱的時期。日本居然與英、法、俄、美……諸國一樣，展露出醜惡的嘴臉，趁中國之危，落井下石，無時無刻不想併呑中國。最後竟然發動蘆溝橋事變，全面侵略中國，屠殺無辜百姓，平添了多少人間的悲劇。結果日本得到的是什麼？還不是白費心機一場。三十多年前的往事，仍歷歷在眼前，如今日本竟然忘了歷史的教訓，又在那兒設法掩飾、美化過去侵略的罪行。如此做法，除了滿足日本人死要面子的心理外，無非是要繼續實現他們向外擴張的野心。看來第二次世界大戰給日本的教訓還不夠，因爲他們太幸運了，碰上中國人寬大爲懷，才給了他們復甦的機會；接着又是韓戰，日本人在美國的庇護下，發了一筆橫財，才有今天日本的經濟。但器量狹小的日本人，總成不了大格局；有了錢之後，却不知如何去培養具有大國風範的國民，反而又在作孽，準備將自己的國家，再度帶上毀滅的道路。孔子說：「百世可知也。」因爲有歷史的文獻可資佐證。所以從今天日本人的所作所爲，我們才敢做如此的斷言。以日本人島國的胸襟，加上今天經濟大國氣焰的囂張，旁人的忠告，未必能聽得進去，所以今天最重要的，是我們如何早日團結統一，繁榮壯大，不要給外人有機可乘的機會，不要動不動就說什麼日本第一，或羨慕他人的科技。今天最需要檢討的是我們爲什麼不能第一，爲什麼我們的科技工業始終不能落實。技術的不如人，還在其次，主要關鍵是我們缺乏現代化的那一股精神力量和觀念，如敬業精神，以及個人與國家、民族的一體感，難道這些還要派人到外國學？因此，唯有從傳統文化中培養個人對國家的眞感情，和民族的自信心，讓傳統與現代結合，國家才能眞正的現代化，這也是孔子維護道統，尊重歷史教育的用心，但願國人要有這點的覺悟。（孔孟月刊20卷12期）

談孔子的藝術生活

孔子生於二千多年以前，他那崇高的人生理想，和學不厭、教不倦的高尚情操，一直是後人最好的典範，所以我們才稱他爲大成至聖先師。孔子並非什麼神仙或超人，只是一位平平實實、活活潑潑、面對現實人生的一位偉人。他不但是一位思想家、救世者，而且也是一位頗具現代藝術氣質的人，他熱愛生命，也懂得如何欣賞人生，我們可從下列幾方面來談談孔子的藝術生活。

一、孔子的人生境界

論語述而篇孔子說：「志於道，據於德，依於仁，游於藝」，由此可了解孔子對人生的看法，大概可歸納爲三方面：第一：要不斷的自我提升：因爲人的自然生命總有其極限，必須藉著道德的提升，才能把它化爲永恒，所以孔子勉人要立志向道，據德而行，只要有願心，人人皆可以爲堯舜，而不必過分去追求操之在人的功名利祿。孔子說：「富貴如可求也，雖執鞭之士，吾亦爲之，如不可求也，從吾所好。」所謂「從吾所好」，就是要把握操之在我的道德境界的提升。第二：要認清人生的莊嚴使命：人生不只是個人的生存問題，也包括了整個社會、人類的繁榮與幸福。孔子認爲人人都具有仁愛的同情心，不但要愛自己，更要知道如何去愛社會、愛國家、愛民族、愛人類。生命是極其莊嚴的，從憂以天下，到樂以天下，人人都應盡個人所應盡的責任，唯有於心無愧，才是人間的至樂。第三：生活必須眞實才算完美：論語雍也篇孔子說：「質勝文則野，文勝質則史，文質彬彬，然後君子。」質是指內在的眞性情，文是指外表的儀文，二者必須調和適當，生命才會顯得充實完美。孔子告訴我們要「游於藝」，就是要人做個彬彬的君子。以上是孔子對人生境界的體認，即由於他對藝術有深厚涵養所致。

二、內心的充實才是眞藝術

孔子時代當然還沒有今天所謂「藝術」這個觀念，但在孔子的生活裏，已有許多的藝術活動，如論語子罕篇孔子說：「吾自衞返魯，然後樂正，雅頌各得其所。」所以孔子一生的遭遇雖不如意，但他卻過得很充實，如述而篇記載他在齊聞韶樂，竟然三月不知肉味，這完全是由於心靈滿足的緣故。可見藝術不僅是一種形式，而更重要的是它的實質內涵。換句話說，我們從事一種藝術活動後，能使心靈平靜，精神煥發，具有向上的鬥志，才是眞正的藝術。因此孔子又說：「樂云、樂云，鐘鼓云乎哉。」他告訴了我們欣賞音樂，是在體會鐘鼓之外，那份感人的力量。

三、藝術活動在促進社會的和諧

孔子對整個人生的看法，是希望由個人內在的中和悅樂進而追求整個人類社會的和諧，所以好的藝術一定能普遍引起大衆的共鳴，使大家心靈能相互交通，情感彼此交流。從論語中可以看出孔子只要聽到別人優美的歌聲，一定請他重複一遍，然後也隨著唱和。但孔子絕不允許人假藝術之名，去汚染人心，破壞善良風俗，如陽貨篇孔子說：「惡紫之奪朱也，惡鄭聲之亂雅樂也。」唯具有這種關心社會的情懷，才是眞正的藝術家。

眞正的藝術是在追求人生的眞、善、美，所以藝術家必須關懷人生，而孔子那種淑世救民的偉大理想，和對人倫綱常的重視，以及治國平天下的抱負，都是藝術家高尚情操的具體表現。論語先進篇曾記載曾點的志向，他說：「暮春三月，春服旣成，冠者五、六人，童子六、七人，浴乎沂，風乎舞雩，詠而歸。」孔子對曾點這種人生觀特別稱許，因爲唯有在一安定和諧、百姓富有、天下太平的社會中，才可能有如此灑脫的人生境界，而眞正去享受生命，欣賞人生，這也就是孔子雖生在亂世，還能處之泰然，而不知老之將至的原因。因此一個從事藝術工作者，如果玩世不恭，那就不是眞正的藝術家。我們爲了追求一個完美的人生，必先對藝術具有正確的觀念，那麼孔子游於藝的精神，倒是給了我們很大的啟示。（教育評論）

曹操與禮儀

一、曹操的家世

曹操是沛國譙（安徽亳縣）人。字孟德，一名吉利，小字阿瞞。父親嵩，在漢桓帝、靈帝時，曾任司隸校尉、大司農、大鴻臚、太尉等官。嵩是中常侍曹騰的養子，騰在桓帝時，因定策有功被封爲費亭侯，遷大長秋，他的祖先是漢初平陽侯曹參㈠。但其詳細世系，已難查考，今列一簡表如左：

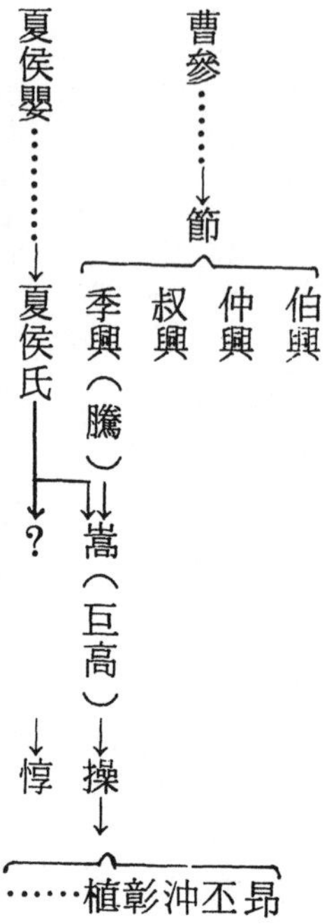

曹操生在此仕宦的大家族中，見聞當然要比一般人來得不同些；又因東漢自和帝以來，由於外戚、宦官

的相互傾軋，所以政治極不穩定，曹操在此環境中長大，養成不治生產，任俠放蕩的性格，初以孝廉被舉爲郎，後來由於風雲際會，竟一變而成爲當時左右天下的風雲人物。

二、三國志與三國演義筆下的曹操

陳壽三國志是部正史，對魏武帝紀評曰：

「漢末，天下大亂，雄豪並起，而袁紹虎眎四州，強盛莫敵。太祖運籌演謀，鞭撻宇內，擥申、商之法術，該韓、白之奇策，官方授材，各因其器，矯情任算，不念舊惡，終能總御皇機，克成洪業者，惟其明略最優也；抑可謂非常之人，超世之傑矣！」

陳壽對曹操的評價相當高。

三國演義羅貫中筆下曹操的造型寫成爲一個有權謀、多機變的奸雄。他多疑善忌，口是心非，奸詐凶惡，損人利己，是一派梟雄的嘴臉；他一生奉行的指針，是「寧使我負天下人，不使天下人負我。」㈡所以讀了三國演義，大家討厭曹操，就是討厭社會上曹操那種嘴臉的人。就小說而言，曹操是一個塑造相當成功的人物。

三、名教給曹操帶來的心理壓力

漢初武帝，罷斥百家，獨尊儒術，崇尚六經，經學教化便成了當時的學術重心；又東漢光武帝，表彰氣節，對於學術和社會人心更具有多方面的影響，尤其以東漢末年，魏晉以後禮教、名教觀念的形成最爲明顯。雖然後世有人把禮教、名教看成是儒家學者用來約束一般人言行的虛僞外衣，甚至連對道德仁義也作同樣的看法。其實這完全是出自一種誤解，如果禮教、名教等眞的會給人帶來壓迫感，或是不合理，我想孔子看了，他也會反對。其實儒家所强調的禮，從它的內在本質來看，是順着人心發展，必然的一種結果，凡人都具有天良，孔子稱之曰仁，孟子謂之善端，基於仁心所發的正當行爲便是義；而合乎義的言行才是禮，包括對鬼神、人事的一切舉止。再就外在的社會需要來看，禮是建立一文明社會必須的要件，有了禮義，才能使我們的社會成爲眞正名符其實的人的社會。儒家用禮，用此名實來教人，便叫禮教、名教。人人尊此而行，生命才有價值，心靈也才能落實。從表面上看來，它對人的言行雖然有點約束，但其實不然，人人尊禮教而行，旣灑脫又自由，毫不勉强，只要行它一分，便能提升人的一分品格，便有一分樂趣，只要是正常社會，就不能沒有它。但日後禮教、名教、道德爲何會變成人心的一大負擔呢？就是我們的社會沒有建立起遵守基本秩序的觀念，一般人分不清什麼叫權利、義務，於是把所有人的行爲規範，都訴諸禮教、名教、道德的範疇，使禮教、名教等超出了應有的負擔；尤其是東漢末年以來，由於政治腐敗，戰亂連年，人心遭受污染，於是經過有心人士的提倡，禮教、名教更受到普遍的重視，的確它對當時社會產生了一股安定力。像當時權臣董卓、袁紹、袁術、曹捷……等，力都足以移漢鼎，但卻不敢公然行之，便是受到名教的約束。司馬光論東漢風俗云：

以魏武之暴戾彊伉，加大有功於天下，其蓄無君之心久矣！乃至沒身不敢廢漢而自立，豈其志之不欲哉？猶畏名義而自抑也。

司馬光的話是不錯的。但由於禮教、名教、道德等的濫用，使社會上有不少假禮教、假名教、假道德之輩，借名教、禮教之行，邀名於世，不但無益於社會，反使風氣更加敗壞。㊂於是反對之聲便隨之而起，曹操便是其中的一位。

四、從短歌行看曹操的心理矛盾

曹操身爲可以挾天子以令諸侯的宰相，有權有勢，依理來說，對於人生應感到滿足才對，但爲什麼他在短歌行一詩中，還要「對酒高歌」，歎「人生幾何」？而且還說：「慨當以慷，憂思難忘」。可見他的內心存有不少的痛苦和矛盾，原因何在呢？以他當時的權勢，早可以篡漢稱帝，但他不敢，因拘於名教與大衆的輿論所忌，於是在篡與不篡間，確是左右爲難。這種矛盾與痛苦，在短歌行一詩中，表現得相當的明顯，其詩曰：

月明星稀，烏鵲南飛，繞樹三匝，無枝可依，山不厭高，海不厭深，周公吐哺，天下歸心。「繞樹三匝，無枝可依」，說出他內心的矛盾。「山不厭高，海不厭深，周公吐哺，天下歸心。」「繞樹三匝，無枝可依」，說出他內心的矛盾。「山不厭高，海不厭深」，說明了人的欲望無窮，隱約的在影射他雖已貴爲相國，但如能做皇帝當然更好；可是因顧慮名教，又不敢冒然行事，最後，只好拿自己比作輔佐成王的周公，所以他說：「周公吐哺，天下歸心」，聊以自慰。

五、曹操如何掙脫名教的束縛

曹操不敢公然向禮教挑戰，最後只好向禮教屈服；但心中確有未甘，當然想把禮教早日除之而後快，於是在魏武帝紀中，記載著他一些踰越常規的做法，在有意無意間，都可以看出他想掙脫禮教的束縛。如在建安十五年春，曹操曾下壹道命令：

> 自古受命及中興之君，曷嘗不得賢人君子與之共治天下者乎？及其得賢也，曾不出閭巷，豈幸相遇哉？上之人不求之耳，今天下尚未安定，此特求賢之急時也。『孟公綽爲趙，魏老則優，不可以爲滕薛大夫。』若必廉士而後用，則齊桓其何以覇世，今天下得無有被褐懷玉而釣於渭濱者乎？又得無盜嫂受金而未遇魏無知者乎？二三子其佐我明揚仄陋，唯才是舉，吾得而用之。

又建安十九年十二月乙未令曰：

> 夫有行之士，未必能進取，進取之士，未必能有行也。陳平豈篤行，蘇秦豈守信耶？而陳平定漢業，蘇秦濟弱燕。由此言之，士有偏短，庸可廢乎？有司明思此義，則士無遺滯，官無廢業也。

由於當時假名教、假道行之士，藉禮教之名，卻無法承擔拯救社會秩序的重責大任。曹操下這種命令，雖然有某種事實的需要，但不可否認的，因爲他自己深受名教拘束的痛苦，而不能爲所欲爲，才是主要的原因。所以顧炎武日知錄在論兩漢風俗乙節，才特別加以指責。他說：

而孟德既有冀州，崇獎跅弛之士，觀其下令再三，至於求負汚辱之名，見笑之行，不仁不孝，而有治國用兵之術者，於是權詐迭進，姦逆萌生。

由於顧氏的這一段話，再加上受三國演義的影響，後人才稱曹操爲名教的罪人。顧炎武又說：

夫以經術之治，節義之防，光武、明章數世爲之而未足，毀方敗常之俗，孟德一人變之而有餘。

名教的泛濫，曹操也因此不得施展其志，於是便假借選拔眞才名義，行破壞名教之實；因此到他的兒子曹丕，公然廢獻帝自立，心中已不再存任何的芥蒂。這也是魏晉六朝篡奪事件之所以層出不窮的原因。

（東方雜誌十六卷三期）

【附　註】

註　一　見三國志魏武帝紀。

註　二　本節參見三國演義論文集顧學頡之「三國演義所塑造的曹操」。

註　三　如當時有所謂讓舉、讓爵、崇尚復仇……等過於偏激的行爲。

談國民生活禮節

我們中國是個文化悠久的古老國家，我們的國民特別講究禮儀，那是大家所公認的。如對天地宇宙萬物，對父母親朋，對長官，對部屬，都具有許許多多相因成習的行爲規範；尤其在農曆過年的時候，表現得最爲突出。雖然從民初以來，有部分國人認爲這些繁文縟節，有礙社會的進步，而施於冷嘲熱諷；但事實可以證明，過年時由於人人講求適度的禮儀，社會才到處洋溢着一片祥和之氣，而是非爭端，亦隨之煙消雲散。難道這樣的日子不是我們心目中的理想人生嗎？所以不少外國人稱讚我們爲「禮儀之邦」，這應該不只是一種恭維而已，我們必須好好的加以珍惜，並篤實踐履，不讓其式微或變質，才能使我們的社會顯得更爲文明，更爲現代化。

中國禮儀的形成，完全出於我們的社會需要。眞正的禮儀是一種正當合理的行爲，如果我們承認人性有良知，那麼禮儀便是人性良知的具體展現，所以禮記樂記上說：「禮也者，理之不可易者也。」因此只要合乎禮，一定合乎義，在人類社會還沒有法律之前，它便是維護社會秩序的主要力量，這種的禮儀完全是自然形成的。以後由於人類的社會越變越複雜，加上人心也有與生俱來的慾望和情感，如果聽其自然發展，也難免會有爭執的事情發生，於是在上位者或一些有心人士，基於事實的需要，也製定了許多新的禮儀。就如禮記坊記所說的：「禮者因人之情而為之節文，以為民坊也。」但不管是自然形成的，或是出於有心人士所製定的，無非是希望人們在行為上有軌範約束，假如人人都能自我約束，才能享受眞正的自由，也才有可能建設一個完美和諧的社會。可見大家都能遵行正當的禮儀規範，才是建設現代化國家的先決條件。

禮儀將會隨着時代的不同而有所改變，如古代席地而坐，行叩頭禮本是極為平常的事；然而今天大家不再席地而坐，而改為鞠躬作揖、握手，也是無可厚非；因其形式雖變了，但禮敬的精神仍然沒變。不過我們談現代國民生活禮儀，除了一般所應遵守的普通禮節外，其所包括的範圍很廣，如與人言談要誠信，參加各種集會要準時，並遵守各項會議規則。進食宴會，要注意清潔、營養、不浪費。在衣着方面，則要整齊樸素，不奇裝異服。在住的方面，首先要注意安全衞生，日常起居要有規律，與鄰居能守望相助，夫婦相敬如賓，兄弟姊妹妯娌間要互諒互愛。在行的方面，要遵守交通規則，以安全為第一；行路時須抬頭挺胸，容止安祥；乘坐車船，能讓座老幼婦孺。在育的方面，管教兒女，身教言教並重，盡量愛護他們但絕不是溺愛放縱；並善於利用休閒時間，從事正當娛樂，及培養對藝術的興趣，以提升生活的品質。以上都是人生的常道，也是國民日常生活禮儀的一部分。這些不外乎是律己和待人的問題，就律己上說，要求必須從嚴，就如「十目所視」、「十手所指」一般；至於待人，則以禮為先，能尊重他人，心胸開擴，不卑不亢，樂於成人之美。如人人都能拿此二者自勉自勵，那麼人間將處處充滿溫馨和樂。

今天由於我們的社會工商繁榮，在物質生活上已有相當大的改善，但是如在人生觀和生活禮儀上卻不能密切配合，我們仍然無法趕上世界最進步的國家。如有人爲了健康每天早起晨跑，本是很好的習慣，但少數人一到運動場或馬路上，卽不經意的隨地吐痰，或目中無人的大吼大叫，以不講公共衞生和環境安寧，而要換取個人的健康，也未免太自私了。又如過年放鞭炮則是爲了祭祀以增加熱鬧的氣氛，但如三更半夜不分時地的亂放，便有失它的意義。再如婚喪喜慶如過分的鋪張，也不合現代的禮儀。所以講生活禮儀不能過或不及，唯有先顧及大我的利益，個人也才能眞正受益，因爲人人遵行國民生活禮儀，受惠的將是社會人人，實在不容忽視。又我們想提高國家的地位和國民生活的水準，也必須在這方面多下些功夫。（教育評論）

五倫綱常與社會建設

人類社會是一營共生共存的團體，爲了維持它的安定與和諧、繁榮和發展，對於個人的行爲自然不免有些約束，如禮、法便是在這種情況下產生的。但有比禮、法更重要的，那就是個人的道德修養，也就是一般人所說的道德規範。有了道德規範，人與人間才有一常道可尋。中國傳統的儒家學說，即以「人」爲本，不好高騖遠，要人面對現實，所以特別重視人倫綱常。而所謂人倫綱常是什麼呢？簡單的說，就是仁義二字的發揚與實現。分開來說，倫就是「父子有親，君臣有義，夫婦有別，長幼有序，朋友有信」等五倫的修養；綱就是「君爲臣綱，父爲子綱，夫爲妻綱」等三綱的秩序；常就是「仁、義、禮、智、信」等五常的道理，這五倫、三綱、五常全是由孔子所主張的仁愛，孟子所倡導的仁義爲出發點而來的。二千年來，一直帶給中國社會一股莫大的安定力。

但是到了滿清中晚期，由於西方勢力、文化的侵入，種種無情的打擊，使中國社會起了很大的變化，對傳統文化中的一切，從根本上發生動搖，連維護人性尊嚴的道德倫常，也都有人懷疑，認爲這些舊倫理是農業社會的產物，是封建、階級、虛僞的，它阻礙民主的發展，妨害了中國的進步，爲了國家的前途，便不得不反對它。更有人還從歷史上故意羅織一些特例，去曲解禮教，於是排斥舊有禮教，不要仁、義、孝、儉……等固有道德，甚至連家庭制度也一起推翻，他們這種作法，不是要創造新中國，而是要毀滅中國；他們雖美其名要讓中國人過現代化的生活，其實是要把中國拉回野蠻的社會。而這些淺薄的偏激份子，心無中國文化的中國人，奇怪的卻一一被捧爲「健將」、「老英雄」。從此以後，中國固有倫理所建立起各階層的關係，完全被破壞，他們以爲這麼一來，中國可以現代化了，但沒想到層層的禍果，卻接二連三地來，而這種痛苦，竟由後人來承當。

孔孟思想、固有倫常，經過如此狂風暴雨般摧殘之後，傳統的束縛解除了，於是拼命學起外人，他們洋洋得意，以爲總算救回了中國，而八年抗戰也勝利了。但事實上，抗戰勝利後，我們並沒有享受到勝利的果實，相反的，共產思想依靠著新文化運動作溫牀，盡鼓其搧動之能事，造成今天神州沈淪，國家的分裂。如果說舊文化、舊道德、舊倫理妨害了民主社會的進步，那試看大陸淪陷後，共匪倒行逆施，澈底破壞我國固有倫常之後，後果又是如何的不可收拾。所以今天，在我們政府積極加强文化建設的呼聲中，反省過去，前瞻未來，我想應該深謀遠慮，注意下面幾點觀念：

一、加速國家現代化，仍要正視我國固有道德倫常的重要性，所謂國家的現代化，並不是科學技術、經濟成長樣樣個別的突飛猛進就好，而是必須配合社會心理建設，整體發展並進，才不致於脫軌或遺禍將來。近些年來，政府雖也積極加强文化活動，但由於民國初年文化中毒太深，至今遺禍猶存，因此始終不能收到很大的效果。於是今天國人生活是改善了，但社會問題卻層出不窮，私造兵械、勒贖、搶刼、僞造文書、捲逃公款，惡性倒會、那一樣不是挾帶著科技知識、經濟的誘惑而產生的。所以今天要徹底根除這些投機的犯罪心理，已不是加重刑法，强調監獄管理等末節所能矯正。治本的方法，除非加强社會心理建設不爲功：中國固有倫理道德，講求的是個人的修養，注重的是社會人際的和諧，有了仁義道德，自然能懂得義利之辨，不會妄取非分；自然就能相親愛人，不會侵害別人。雖然它的成效不能如科技發展、經濟建設般的立竿見影，但其潛移默化的力量是無可限量的。

二、建立建全的社會，要加强群己關係的體認：在許多開發中國家，執行經濟有了困難時，往往不是計劃欠當或行政部門有問題，反而是遭遇最棘手的「非經濟因素」的阻礙。由於社會大衆無視於長遠的共同目標，只爲了追求個人利益，而破壞了群體的權益。於是人我之間建立起層層壁壘，價值觀念也產生了偏差，這種種弊端，歸根究底，都是由於群己觀念不健全所致。如果人人眞能依者五倫綱常的人際關係確實行事，那會有今天的怪現象。孔子主張「恕人」、「立人」、「達人」，孟子强調「義利之辨」，必要時還叫人「舍生取義」。董仲舒也說：「正其誼不謀其利，明其道不計其功」，那一項不是群己關係？那一項不是指示做人做事的原則？那些自認爲開明的先進們，把它視爲高調、腐朽，眞是要不得，結果造成國人道德情操低落，難道我們還要頌揚他們反抗傳統的「勇氣」，創新文化的「魄力」嗎？

三、五倫綱常貴在身體力行：凡是稍有見識的人都可明白的看出，今天大家之所以自私自利，只知有個人，不知有社會國家，乃是揚棄舊傳統，而新的又建立不起來所致。我國一向强調五倫綱常，特別重視實踐，從不好高騖遠，要人在實踐中懂得如何做人，在穩定中達到人我和諧以及社會進步的目的。

為了矯正今天社會上種種病態，促進社會建設的成功，如何身體力行，並發揚這固有倫常的精神，應是現在加强社會建設的第一要事。（教育評論）

整頓寺廟以端正社會風氣

民間宗敎信仰，和社會風氣以及一般百姓的思想活動，息息相關。今日臺灣的宗敎信仰，至爲複雜，寺廟之多，很令人驚訝。據統計，寺廟大槪有六千座左右，敎堂也將近三千座。這些寺廟，敎堂都是人民在日常生活中精神的主要寄託場所，如果正常的發揮效用，對社會的安定與和諧，具有很大的幫助。但一旦流於偏差，便會形成迷信，甚至破壞正統文化，妨礙社會的進步，如此對國家、民族的未來，總不是好現象。臺灣因受地理環境和時代因素的影響，臺灣同胞不管在鄭成功前後渡海來臺的，或是在三十八年以後隨政府播遷來台的，大家遠離家鄉，爲了生活，胼手胝足，特別需要精神上的慰藉，所以各種神道、風水、輿地、算命、卜卦……等活動也就特別蓬勃，甚至已到達泛濫的地步。如不早日設法整頓，對社會風氣將會造成不良的影響，也可能因此遲緩了國家現代化的脚步。

由於中華文化的特殊，我們並沒有像外國基督、回敎、佛敎一樣的宗敎，可說是屬於多神敎的民族。臺灣與大陸血緣一脈相傳，因而民風習俗也大致相同，我們從寺廟的一些活動便可看出來。目前臺灣寺廟所供奉的神明，大槪可分爲下面幾類：

一、天地萬物諸神：如天公、玉皇大帝、太上老君、后土、穀神、風、雨、山、水、……等神。

二、道教神仙諸神：如張天師，呂仙公、八仙、玄壇元帥、保生大帝、城隍……等。

三、古聖先賢諸神：如神農、伏羲、文昌帝君、至聖先師孔子、諸葛武侯、關聖帝君、韓昌黎、張巡、許遠、岳穆武、媽祖、延平郡王、吳鳳、曹公……等。

四、釋家佛寺諸神：如釋迦牟尼、觀世音菩薩、如來佛、彌勒佛、地藏王菩薩、玄奘法師……等。

五、各姓宗祠：如陳姓宗祠、林姓宗祠　李姓宗祠……等。

六、其他諸神：如義犬廟、萬應公廟……等。

以上林林總總的各種神廟，在它成立之初，都有其積極的意義。如祭天地萬物諸神，是代表著一種崇德報恩的偉大心情，以及追求與大自然合一的完美思想；佛、道諸神，則在勸人修身積德爲善，對於緊張的現實生活，可以獲得調適的作用；敬祀宗祠，祭拜祖先，則是一種愼終追遠孝心的具體展現；其他像義犬廟、萬應公廟等特殊神明的祭祀，更可看出中國人視萬物爲平等，和悲天憫人的仁厚胸懷。但其中最特殊的，要算是爲聖賢偉人立廟供奉的傳統，這種情形在外國很少見，孟子說浩氣可以長存，有偉大人格的人，他的精神將會永垂不朽。所以一個人只要他對社會人類有大的貢獻，而堪爲後人所足式的，後人常爲他立廟、如孔子、孔明、關羽、張巡、許遠、岳飛、文天祥、鄭成功、吳鳳等。我們祭祀他們，崇拜他們，除非能證明人死後有知，不然對死者而言，本毫無意義，所以膜拜古人，其目的是在勉勵生人，如祭孔子就是要取法他那種學不厭、敎不倦的仁聖精神；祭關羽就是要取法他那種凜然的義氣；祭拜岳飛、文天祥、鄭成功，則在取法他們對國家民族的一片忠誠，這就是中國民間爲偉人立祠的本義所在，而這些人物對全國同胞來說，當是最好的人格教育楷模。但後人常祭而不察，每當自已遭到挫折或不如意的時候，不知自我奮鬥，反而向他們祈求福命來。如果在千萬人之中，偶而有一、兩個巧合如願以償，馬上很快的被傳開，於是大家便盲目的去求去拜，所謂迷信卽在這種情況下形成的。因此如何去掉迷信的氣氛，還原寺廟諸神的本來面目，是今天整頓寺廟的一大前提。

那麼如何整頓寺廟以端正社會風氣呢？目前最重要的，必須從下面幾項工作著手：

一、加强宣導，以正信破除迷信。讓全國同胞都知道心誠則靈；要改造命運，最重要的還是要靠自已。

二、整頓各寺廟所供奉諸神。早日將寺廟諸神，一一介紹其原委，並昭告大家，使大家在焚香膜拜之餘，知道如何去效法他們偉大的人格風範。

三、嚴格取締邪道寺廟，並限止無意義的新寺廟的建立。

四、加强寺廟管理人員的監督與教育。要求這些人員，能以正當的做法，協助政府，加强社會教化，端正民俗。

五、改進寺廟的祭典儀式，寺廟祭典要求其簡單隆重，莊嚴肅穆，期能藉此以促進社會安定，並激發百姓奮發向上的鬥志，不能流於奢侈鋪張浪費。

如果能透過以上措施，而逐漸加以改革，那麼臺灣這麼多寺廟，一定能發揮其積極的影響力，使我們的社會在安定和諧中，向繁榮、現代化的道路邁進。（教育評論）

如何可長生—中國人的醫學觀

談起中國醫學，已有一段相當長的歷史，相傳神農氏曾嚐百草，以治衆病。漢書藝文志著錄有黃帝內經、外經……等不少醫學的書。這是在中國特有的環境下所產生的，也是中國文化的一部分。它所具有的特殊精神，正與中國文化的內涵相脗合。

漢志將西漢以前所有的圖書，共分爲六大類，最後一類叫方技，這一類書所談的都是在維護人類生命，和追求長生所應具有的技藝。也可以說是代表古代中國人一套治病養生的人生哲學。它一共蒐集了醫經、經方、房中、神仙等四方面的書；所謂醫經，與生理學、病理學相近，目的在了解身體狀況，和說明各種疾病發生的原因和現象。至於經方，就是藥方，有如今天的藥劑學和處方，不過中醫所調配的，完全是自然界原有的東西，與西方化學藥劑不同。第三房中，即在講陰、陽二氣的調和，以達到延年益壽的目的，這方面一般西醫不大談。最後所謂的神仙，所指的並不是那些神通廣大的超人。我們從所存的書目來看，內容所說的不外乎是一些按摩、導引一類的道理，和今天的物理治療有些相似，卽藉身心的鬆弛和鍛鍊，來强壯身體。所以早期的神仙一詞，只是一種長生快樂的象徵，也是中國醫學、養生的終極理想。可惜幾經歐美風雨，今天西醫已成了中國醫學的主流，由於對傳統文化的誤解，而造成民族自信心的喪失，中醫也同樣遭到無情的詆譭，這是有血性的中國人，深感痛心的一件事。

西醫當然有它的長處，如診斷的科學、精切，和治療的乾淨利落，這是中醫所不能及的地方，但身體的病痛，並非突如其來，頭痛醫頭，脚痛醫脚，不過是一種治標的辦法。中醫是以人的全體作單位，從整個生命氣動變化消長去論病，因此特別重視切脈。雖然有時難免失之偏頗，但也有它的長處，如它所注重的是全身的平衡與氣脈的條暢與否，去診斷病痛的癥結所在，這給了我們很大的啟示，建立了治病必須重視整體的觀念。至於在治療上，中醫不管用藥或針灸，也是遵循大自然平衡的法則，藉著萬物相生相剋的道理，來恢復身體的健康，一點也不勉强。另外中醫對平時的養生，病後的調理，也同樣的兼顧，這才是高壽長生的要道。

隨著科技的發達，也帶動了醫學的革新，但西方的醫學就如同西方的文明，充滿了霸氣。科技的確帶給現代人類充分的物質享受，西醫也挽救了不少的人命，但人類也同樣的付出相當高的代價，因爲他們忽視了整個人類未來的生命，如西方各種科技成品，甚至於連治病的種種化學藥物，在其製造的過程中，不知污染了多少自然環境，就是藥物本身雖能治疾，但對身體的副作用可也不少。因此，對整個人類生命來說，何嘗不是一種慢性的癌症。如果我們不覺悟進而具有更高遠的眼光，去從事醫學研究，現代科技雖然能救個人一時的生命，但卻救不了人類永遠的生命；科技盲目的發展下去，將來毀滅人類的，將是人類自已。所以現在思想界有所謂第三波的說法，希望能融合農業社會和工業社會的優點，在大自然生態平衡的原則下，彼此共生共存，共發展。那麼中醫的病理、藥理，即主張相生相養，以臻於天人合一的境界，完全合乎自然精神，如此崇高的理想，當是未來醫學發展的新方向。因此，有志於中國醫學研究者，必須從傳統文化中，涵養高尚的品格，不要目光如豆，只看病痛，不看全身；只知個體生命，而忽視全人類的生命。努力將傳統醫學弘揚光大，濟世活人　這不只是中國人的幸福，也是全人類的一大福音。（政醫特刊）

迎春納福——談中國年

「爆竹聲中一歲除，春風送暖入屠蘇；千門萬戶曈曈日，總把新桃換舊符。」這是家喻戶曉宋王安石所寫的一首詠「元日」的詩，今天是農曆癸亥年的新正，重讀這一首詩，不禁感到格外的親切有味。王安石那時正在推行新政，「總把新桃換舊符」，有一股清新的氣息，更象徵著無限的希望。

新年對中國人來說，具有特殊的意義，雖然民國成立以後，我們也改用陽曆紀年，但陽曆元旦除開慶祝會和放二天假外，一般民間並不太重視，可是農曆新年就不同了，從年前的序曲到年後的尾聲，近一個月都籠罩在年的氣氛中，那麼中國人過新年到底有什麼涵義呢？重要的大概有下列幾點：

一、過年代表除舊佈新

日子是一天接一天的過去，本來無所謂新舊，新舊完全是自已心裡的一種感受。不過，如果我們能藉著季節的變化來做一些自我求新的工作，也是一件很有意義的事。所謂除舊就是把不好的習慣，或積壓尚未完成的工作，作一徹底的改正和清理，重新立下一新的理想，然後朝著自已的理想，不斷進德修業，使未來的一年比過去更爲光彩煥發，生活更爲充實，並讓自已天天生活在充滿希望之中。

所以過年的除舊佈新，會給人帶來一種新生的喜悅。

二、過年代表著無數的感謝

過年的最大特色，就是有不少的祭祀，如祭天、祭地、祭灶、祭祖、祭各種的神明，其含義非常嚴肅，不能冒然以迷信視之。因爲有了祖先，才有我們的生命；有了天地萬物，我們才能賴以維生，祖先和大自然界給我們的恩惠實在太厚重了。所以中國人祭祖、敬天、敬神，原是一種愼終追遠，崇德報本的偉大心情，所代表的是無數的感謝，但如有人不努力工作，不反求諸巳，而盲目去求神祈福，的確就變成迷信了。

三、過年代表辛勞後的鬆弛與和樂

我們中華民族發源於黃河流域，農業發達很早，農民一年到頭辛勤工作，難得有清閒的日子，但人是血肉之軀，非鋼鐵機器，總要有修養生息，養精蓄銳的時刻；於是大家利用過年農閒的時節，做一些好吃的食物，以及從事鬆弛身心的活動，好迎接來年的春耕，這也是人之常情。東漢楊惲報孫會宗書這麼說：「田家作苦，歲時伏臘，烹羊炰羔，斗酒自勞。」的確就是農民共同的心聲。當然辛苦的不只是農民，各行各業都一樣，也都需要娛樂，所以過年的鬆弛，應把它看成是爲了含養精神準備走更遠的路，挑更重的擔。

四、過年代表一家團圓共享天倫

爲了工作，就學或就業，一個人不可能老是長守家園，但不管離家多遠，一到過年無不盡量趕回與家人團圓，好共享天倫之樂，尤其年夜飯最受重視，俗稱圍爐；吃年夜飯時，一家大小坐在一桌，如果家中有人不能及時趕回的，也必須爲他留一空位，在席間晚輩尊敬長輩，長輩慈愛晚輩，長幼有序，其樂也融融。親情的溫暖，是一種最好的無形教育方式，如家家戶戶永遠都能如此，請問社會那會有紛爭。

我們生爲中國人，蘊育在悠久渾厚文化的傳統裏，有時倒忽略了自已文化的可貴。就如宋蘇東坡所說的：「不識廬山眞面目，只緣身在此山中。」如果有人問，一旦中華文化能徹底實現，我們的社會又將會怎樣呢？這可簡單的回答說，就像天天在過年一樣。因爲過年的時候，家家豐衣足食，人人講禮，大家相互祝福，彼此關心，凡事心平氣和，不說不吉利的話，給別人留餘地……等，這都是中華文化的人文精神，但在平時卻容易被忽略，只有過年時才身體力行，於是社會馬上就能顯出一片祥和之氣。所以從過年中，可以讓我們深深體會到中國文化的博厚偉大。

每一個民族都有自已的節慶，從中可以看出不同民族的特性和文化。中國人過年，到處歡樂，絕不過分，這正是中華文化的典型。但自清末民初以來，幾番歐風美雨，竟然有人認爲中國年太俗了，寧可過人家的耶誕節，或羨慕別人的狂歡亂舞，加上工商的發達，社會結構的改變，於是我們過年的氣氛，好像一年不如一年，這不知是否中華文化式微的一種徵兆。但願在不過分奢侈、浪漫、矯情的情況下，讓大家能過一個快快樂樂的豐盛年，以迎接那美麗的春天，那應是我們國家，民族的一大福氣。（教育評論）

從年俗看中國文化

農曆新年，是國人在一年中最隆重的節日。我們從年節的許多習俗中，可以體會出中國文化的特有內涵，現在就舉幾個較爲特殊的習俗，說明如下：

一、燃放爆竹

爆竹又稱爲爆杖，燃放爆竹其俗由來已久。凡是婚喪喜慶各種典禮，中國人習慣上喜歡燃放爆竹。尤其在過年的時候，如果聽不到爆竹聲，那兒像在過年，燃放爆竹相傳可以除邪驅惡，又可增加熱鬧的氣氛，但今天有些國人反對燃放爆竹，並且還帶着譏笑的口吻說：中國人最早發明火藥，別人早已利用它製造了最厲害的武器，而我們卻還停留在放爆竹、放烟火的階段。從表面看來，這話很值得我們反省，爲了我們民族的生存，我們必須積極的發展科技，早日迎頭趕上列强，並以最進步的武器來保護我們國家民族的安全，的確有其必要。但不能因此就忽略了燃放爆竹的深遠意義。中國人將火藥用於爆竹或烟火，純粹是爲了典禮的需要和民間的同樂。如果我們從人類的幸福着想，到底拿火藥去殺人好呢？還是利用它來同樂好？中國人不是不會利用它去製造武器，而是在傳統的文化背景下，不忍心那麼做。所以燃放爆竹正象徵着中國人是愛好和平的民族，我們不但不應該誤會它，而且更希望全人類都能放棄那些殺人的武器，將火藥應用於民生建設上彼此不再互相殘殺，好讓世間充滿歡樂。不過由於時代的改變，大都市人口密集，高樓林立，大家比鄰而居，燃放爆竹應該要有時間和地點的限制，以保持環境的寧靜和維護公共的安全，這才是傳統習俗的權變應用。如此一來，一方面能保有中國文化的可貴精神，一方面才又不妨害現代化的生活。

二、張貼春聯

一到新年，到處可看到張貼春聯。因爲中國文字的特有風格，不但具有藝術的美，而且因爲它是一字一體一音，容易排比，所以表現在文學上有詩詞歌賦，表現在民間習俗則有各種應酬、應景的聯語，尤其在春節中，表現得最爲普遍突出。這種民俗藝術的活動很早就有，相傳五代後蜀在歸宋前一年的除夕，有位叫孟昶的，自題「新年納餘慶，嘉節號長春」的聯語貼於寢門，於是大家相互倣效。入宋以後，貼春聯的風氣便大爲盛行；在門柱、門扉、窗戶、米缸、穀倉、養家畜的地方，都張貼春聯。內容非常廣泛，如貼在大門有「天增歲月人增壽，春滿乾坤福滿門」、「陽春布德澤，萬物生光輝」等；貼在廳堂門扉有「加冠，晉祿」、「詩書習禮，耕讀傳家」等；貼在米缸、穀倉的有「滿」、「五穀豐登」；貼在養家畜的地方有「六畜興旺」；其他如貼「福」、貼「春」、貼「招財進寶」等，到處可見都是一些吉祥的話，有的深富詩意和教育性，並且具有「一元復始，萬物欣欣向榮」的意趣。從這些聯語中，可以看出中國人共同的人生觀，並可借着這些春聯，彼此求得心靈上的默契，而培養出休戚與共的民族意識。因此，在我們歷史上雖然有不少戰亂，也不斷在改朝換代，政權也有分裂的時候，但中國並不因此而分崩離析，大家都是「中國人」的心是始終不變的。所以別小看這些民俗活動，它對改革社會風氣，薰陶民族共同的情感，具有潛移默化的功效。

三、準備糕粿

爲了酬神和當點心用，在過年前家家戶戶都忙着準備各種糕粿食品，而且每一種名稱，都有它特殊的含義，如年糕取其步步升高之意，發粿取其發財之意，包仔粿取其可包住錢財之意，雖然談福、談錢、談財，難免有些俗氣，但它卻代表了民間一般百姓的共同願望。藉着這些糕粿食品的稱呼，在心理上，多多少少具有一種激勵作用。另外，它還有更大的含義在，就和我們平時講究吃一樣，同是一種高度文明的象徵。我們都知道，越是低等的動物，吃的越簡單，所以國人講究吃並不可恥，憑我們悠久高度的文明，中國菜名聞世界那是應該的。談到吃，一者是爲了健康的需要，二者是家庭婦女對一家大小愛心的具體表現。所謂愛，並不只是掛在口中說說而已，如果爲人妻爲人母的，能做一手可口又有營養的菜肴，給自已的丈夫和兒女享用，這比任何形式的愛都要來得實際，所以不可小看在廚房裡終日爲柴米油塩而忙碌的婦女們，要知道她們就是一家幸福的源泉。所以當新年大家在享用豐盛糕粿美肴的時候，別忘了那崇高的意義。但不可流於浪費，像一桌萬元，或所謂的滿漢全席，不但不合乎中華文化的精神，反而是中國人的羞耻。

當然中國的年俗並不限於上述三種，而且各地習俗也稍有差別，但對年的重視都是一樣的。如果我們將各種習俗仔細加以硏究，每種民俗的背後都有它特殊的涵義，但由於習俗輾轉相因，傳諸久遠，一般民間常只注意它的形式，而不知其眞義所在，甚至有被誤用而形成陋習的，若此，將成爲妨碍社會進步的絆脚石。所以當我們過年從事一些民俗活動的時候，必須改正不好的，而弘揚好的積極有益的一面，如燃放爆竹，要發揚衆樂樂的精神，但不能破壞環境的安寧，和避免危害大衆。貼春聯則要注意它的敎育性，以砥礪大衆奮發向上的意志，而不能隨便製造髒亂。享用糕粿，則要感謝父母的一片愛心，而不能流於浪費或吃壞肚子。如此，我們在年節中，才能眞正體會出中華文化的可貴和社會溫暖，也可從這些習俗中，達到家庭敎育和社會敎育的目的。（敎育評論）

過元宵談花燈

農曆的正月十五日，是一年一度的元宵節，也是一連串年節活動的最後高潮，俗稱上元，或稱元夕、元夜，又叫燈節。關於這個節日的起源，歷來有不同的說法，大概說來，可能與道教、佛教或古代的宮廷祭典有關。我們從歷史的文獻來看，在唐宋的時候，元宵已變成朝廷與民間同樂的節日，以後一直相傳下來，其間也有很多民俗藝術活動，帶有很濃厚的人情味。

一到元宵節這天，家家戶戶吃元宵，寺廟展覽花燈、猜燈謎、兒童提燈籠、臺灣鄉下還有擲炮城的特殊活動……等，其中以花燈最具特色，也最爲吸引人。從花燈展覽中，更可看出中國傳統的民間習俗，而且還頗富詩意。相傳北宋的大文豪歐陽修，曾塡了一首詠元夜的詞—「生查子」他這麼寫著：「去年元夜時，花市燈如晝，月上柳梢頭，人約黃昏後；今年元夜時，月與燈依舊，不見去年人，淚滿春衫袖。」詞中提到「花市燈如晝」，可見「花燈」一詞早就有了，它代表著多項的意義：如「看燈順看看燈人」，充分的流露出一片熱鬧、歡樂、祥和、昇平的景象；此外，燈又是象徵著光明和希望，傳說古代有這樣的習俗，一般的私塾都在年前放假，到元宵節這天才開學，而學童在當天唯一最重要的工作，就是開燈，也就是由學生家裡備好一盞精巧的燈籠，由學生帶到私塾，請博學的老師替他點燃，再由學生提著，表示前途光明、吉祥的意思，這不但給了學生莫大的鼓勵，而且也給了他們最好的啟示。今天學童提燈籠，便是這種習俗的沿襲，只是很多人已不知道它的原意。燈，可以照亮黑暗，帶來光明，而人的一生不但要不斷的追求光明，還要進一步的，讓自己也變成一盞明燈，燃燒自己，照亮別人。所以當我們在元宵節看花燈，提燈籠的時候，別忘了這深刻的含義，而這正是最好的寓敎於樂的機會教育。

看花燈，提燈籠，是一種民間習俗，但做花燈，做燈籠則屬民間藝術，它集合竹編、剪紙、美術等手工藝的大成，從中可以反映出我們民族的文化特色和人生觀，以及一般民間的生活情趣。花燈的樣式很多，有些是根據歷史和民間的故事編製而成，如天河配的牛郎會織女，田單的火牛陣，岳母在岳飛背上刺字，或二十四孝的故事……等，都深富戲劇性和傳奇性；另外也有仿製動物形象的，因爲中國年是配合十二生肖的，所以那一年屬於那一生肖，或與該生肖有關的故事，都是被模仿的對象；還有一些代表吉祥東西的花燈，範圍相當廣泛。大部分的花燈，手工都非常精巧，有的不得不令人嘆爲觀止，它是一種耐心、細心和精心的結晶，具有高度的藝術美，足以證明中國是一個懂得生活藝術，和欣賞人生的民族。而且這些花燈都有其特殊意義，如敎忠、敎孝，或者告訴我們一些待人處世的道理。中國民風一向樸實，與這些深具教育功能的民間技藝，有密不可分的關係。由於今天的社會結構有了很大的改變，電影、電視已成爲大衆最主要的娛樂，舞廳、歌廳……等休閒活動的地方也多，但大多流於聲色等感官刺激的滿足，而缺乏渾厚悠閒的氣氛，於是人的氣質、性格也隨之在變，有些人甚至變得現實、短視，而在元宵節這天，能重新體會一點兒傳統民俗純樸的風味，在工商業社會大家都忙碌的生活裏，能有這樣難得的調劑機會，將別有一番感受。（教育評論）

憂患意識的時代意義

人生好比是一場奮鬥的歷程，而由奮鬥中來肯定人生的價值；因此如何改善我們的生活環境，如何減少人與人間的仇恨，如何避免歷史錯誤的重犯，如何創造更美麗的未來，這些都是值得我們深思反省的嚴肅人生問題。如果每一個人都具有這樣的覺醒，時時關懷天下蒼生的幸福，必能激發悲天憫人的愛心，而對人類社會具有一種責任感，這就是一般人所謂的憂患意識，也是中華文化所特別擁有的人文精神。

我們翻開中外歷史，有無數悲慘的戰爭，佔去人類歷史的大部分，爲什麼這些人類的悲劇會一再的重演呢？這完全是由於部分人的短視與無知所造成。一個動蕩不安的社會，多少無辜的百姓將會連累遭殃，只要有血性，有良知的人，看到人類自己在摧殘自己，毀滅自己，於心如何能安，於是發自內心挽救人類厄運的使命感便油然而生，如形諸文字便是不朽的作品。相傳伏羲氏畫八卦後，文王居幽而演易，因此易經便具有濃厚的憂患意識，孔子曾說：「易經這一部書的作成，應該是在中古的時候，寫作易經的人，對時代存有憂患的意識。」孔子又說：「易經的寫成，它正是殷商的末代，周的初期，也正針對文王和商紂的事情來說。」（見周易繫辭下）商紂無道，天下大亂，民不聊生，文王處在那風雨飄搖，百姓塗炭的時代裡，本着欲挽救天下將沈淪的大心大願，不但付諸實際行動，同時還寄意於文字書篇。易經便是在這種情況下寫成的。所以今天當我們翻開易經來讀的時候，處處可以看出一種「困窮而通」的仁者心腸。因此，憂患意識並不是憂傷、掛慮或擔心，而是來自仁心的一種偉大情操。

孔子生在周室衰微，諸侯相互爭伐，君不像君，臣不像臣的春秋時代，他栖栖皇皇，周遊列國，想弘揚他的學說來挽救當時的社會，由於各國的國君已利令智昏，根本聽不進去什麼倫理道德，孔子在失望之餘只好回到魯國聚徒講學，並且刪詩書、訂禮樂，贊周易、作春秋，來做爲教材。所以孔子編定六經一定具有它的時代意義。他重視人性，以人爲本，倡導仁義道德，希望人人能透過自反自省，歸心向道，往上提升，來共同建設人類社會的新秩序，從論語記載孔子與弟子或與時人的言談中，處處流露出他那種救世救人的胸懷，但陽春白雪，難起共鳴，如隱者長沮傑溺就認爲：在滾滾洪流中，都是一些棄禮棄義，寡廉鮮恥的人，大勢所趨，有誰能挽回這種狂瀾（見論語微子篇）。但孔子從不灰心，抱着知其不可爲而爲的淑世熱腸，時代人心雖然墮落，但長幼之節，君臣之道仍不可不講。如此以「天下興亡爲己任」的偉大承担，便是憂患意識的具體展現。到了孟子的時候，環境更趨惡劣，他繼承了孔子的道統，想正人心，息邪說，距詖行，放淫辭。」（見孟子滕文公下）所以特別呼籲大家要發揮「憂以天下，樂以天下」的精神，要人做一位頂天立地的大丈夫，此即由憂患意識凝聚而成的偉大人格。到了宋代范仲淹在岳陽樓記一文中說：「先天下之憂而憂，後天下之樂而樂」，何嘗不是這種精神的弘揚，這也是今天大家所說的「多難興邦」、「殷憂啟聖」文化傳統的眞義。

憂患意識，並非消極悲觀，而是人類責任感的一種象徵，絕不是掛在口中說說而已，必須像孔、孟古聖先賢一樣，付諸實際行動，才有眞實的意義。我們都知道，一個人不管如何的會保養，年壽總是有時而盡，然而精神生命，道德生命，却可永垂不朽，如文、武、周公、孔子、孟子……至今依然鮮明的活在我們心中。凡人只要能爲大我奉獻自己，自然能隨大我的不朽而不朽，而爲大我、爲社會，爲國家奉獻自己，便是由憂患意識所化成的具體事實。但很遺憾的，今天生活在忙碌工商社會中的許多人，常常只知小利而不知大利，只知私利而不知公利，慢慢變成金錢、物質的奴隸而不覺，如此只看自己和今天，不顧別人和明天，視倫理道德爲無用，不知何謂責任，最後不但誤人也誤己，因此如何從傳統文化中，去體會憂患意識的眞正涵義，人人身體力行，國家民族的復興才有希望。（教育評論）

談姓氏

兼論孔子到底姓什麼？

中國人的家族觀念，較其他任何民族都要來得强烈。不但講血緣（姓），也講地緣（氏），同一血統的親族，共同居住於同一地區，卽稱之爲氏族，但姓、氏早已不分，那是不爭的事實，如顧炎武日知錄說：「言姓者本於五帝，見於春秋者得二十有二……自戰國以下之人，以氏爲姓，而五帝以來之姓亡矣！」所以雖然出自黃帝之後，也未必跟黃帝同姓，同樣的雖同出自夏、商、周之後，也各有其不同的姓氏。

孔子到底姓什麼呢？史記孔子世家說：「孔子生魯昌平鄉陬邑，其先宋人也，曰孔防叔，防叔生伯夏，伯夏生叔梁紇，……魯襄公二十二年而生孔子……字仲尼，姓孔氏。」司馬遷已稱孔子姓孔氏。司馬貞索隱引家語說：「孔子，宋微子之後，宋襄公生弗父何，以讓弟厲公。弗父何生宋父周，周生世子勝，勝生正考父，考父生孔父嘉，五世親盡，別爲公族，姓孔氏。」孔父嘉爲孔子六代祖，可見孔子前六代祖已姓孔。這是中國姓氏形成初期的狀況，不是像後來除賜姓、繼子外，出自某人之後，就該姓什麼。所以孔子雖然出自宋後，就不一定要姓「子」，我們不能以今律古，做想當然而的推理，就像宋的祖先是出自殷契，契又爲黃帝之後，黃帝姓「公孫」（見史記五帝本紀）而殷商却姓「子」一樣。史記殷本紀說：「殷契，母曰簡狄；有娀氏之女，爲帝嚳次妃。……因孕生契……封于商，賜姓子氏。」（史記五帝本紀：「帝嚳高辛氏，黃帝之曾孫也。」）如說孔子出自宋後就要姓「子」，那麼宋出自殷後，殷出自黃帝後，推本溯源，孔子應該姓「公孫」，才最爲正確。我們爲了增進民族的情感，說我們來自同一祖先，都是炎黃子孫，並無不可。如稱陳氏出自虞舜之後（原姓嬀），林氏出自商後（原姓子），魏氏出自周後（原姓姬）……嬀、子、姬又同源於黃帝，說來的確十分親切；但如硬是說：「陳一」應姓嬀，「林二」應姓子，「魏三」應姓姬，甚至說他們都應該姓「公孫」，那就未免太籠統了。所以孔子姓孔，是以氏爲姓，合乎姓氏發展的歷史事實，不必再節外生枝。（孔孟月刊20卷3期）

戲劇與人生

一、前言——人生如戲，戲亦人生

人生好像是個大舞台，一個人從一出娘胎，便開始扮演着某一個角色，參加人生大舞台劇的演出，有時上台，有時下台，有時當龍套，有時當配角，甚至當丑角。榮幸的也有當主角的時候。但不管在台上、台下，要一直演到自己生命結束，然而又有新的角色不停的上場接替，所以自有人類以來，就在演這一齣人生的大舞台劇，從古演到今，也還要演到未來，而歷史便記錄下這一齣大人生舞台劇的部分內容。由於中國人對人生的特殊體驗，認爲人生就是戲，所以我們國人格外的喜歡看戲，戲簡直與人生分不開。美國傳教士明恩溥曾說過這麼樣的話：

戲劇可以說是中國獨一無二的公共娛樂；戲劇之於中國人，好比運動之於英國人，或鬥牛之於西班牙人。一個中國人遇到甚麼問題而不能不加以應付的時候，他就立刻把自己當作一齣戲裡的一個角色。……假若這個問題居然解決了，他就自以爲「下場」或「落場」得很有面子。假若不能解決，他就覺得不好「下台」。再若不但未能解決，並且愈鬧愈糟，他就不免有十分「坍台」的感觸。再若問題之不易解決，是由於旁人的干涉或搗亂，他就說那人「拆他的台」。總之，在中國人看來，人生就無異是戲劇，世界無異是劇場，所以許多名詞就不妨通用。（註一）

這一段話，道盡了中國人對戲與人生的看法，其中或多或少，可以看出中國人的人生觀，因爲世事多變，人生無常，如戲一般，有時對一些事情，大可不必看得太認眞，才能快快樂樂的過一生。所以與其說中國人喜歡看戲，不如說中國人喜歡欣賞人生。

將現實社會的種種現象，和該時代一般人共同的情感加以組織化，便是戲劇（註二）。所以戲劇可以說是人生的縮影，劇中的各個角色，常常是實際人生某一類人物的典型。如中國傳統國劇有所謂生、旦、淨、丑、末等角色，而生旦淨丑末又有各種不同的類別，某一角色就是代表某一類型的人，這是中國戲劇很特殊的地方，所以觀賞國劇各種角色，便知道社會上有那些性格的人，一看是什麼角色登場，便知他是怎麼樣的性格。如戰宛城這齣戲，一見花臉淨角曹操，便知道他是位殘暴奸詐的人物。所以我們看戲，其實就是針對眞實人生的一種反省，因此說「戲亦人生」。

二、戲劇應把握的中心主題

既然戲也是人生，那就不能隨便亂演了。當然要演一齣成功的戲，必須有很多條件的配合，如劇本的內容、結構剪裁、詞曲、對白、想像……等，以及演員的技巧、舞台的設備等方面，都不可忽視。一齣好戲，雖然娛樂性很重要，但最要緊的，還是應該要有意趣、有思想，和適合現代生活的需求，不能一味的只重視它的娛樂性，還要顧到它的教育功能，因此在選擇主題時，必須要注意到下列幾點：

一、戲劇反映人生百態

人生百態，無奇不有。就職業分，有士、農、工、商……等各行各業；就政治層面分，有百姓、有當官的，官位又有大小不同的等級，百姓也有貧富的差別，就個人的性格分，則有豪放、婉約、達觀、悲觀……等不同個性的人。由於不同職業、身分、性格……等一群人，共同組成人類的社會，當然顯得多彩多姿。而一齣成功的戲，我們應該可從中體會到社會人生的各個層面，因此，當我們看到某一個時代的戲劇，自然也可以了解那個時代的社會概況。例如元代雜劇中，有的根據歷史典籍的記載，或著名的人物事件敷演而成，如漢宮秋。有的則根據傳奇、小說或民間傳說改編而成的，如柳毅傳書。有的完全是屬於創造的人物故事，如救風塵。有的則濃烈地反映現實環境或以眞人眞事影寫而成的，如虎頭碑、小張屠等。（註三）但不管是屬於那一類題材，只要是好的劇本，都可以從中找到時代的影子，如有些雖取自歷史故事，或民間傳說，但所表現的還是當時社會人情百態和觀念。例如元人關漢卿所寫的竇娥寃雜劇，乃是憑藉鄒衍六月飛霜和東海孝婦的故事寫成，但其主要的目的是在表現元代政治的黑暗、社會的混亂，以及人民呼天搶地的痛苦呼號。（註四）至於歷代的戲劇也是一樣，目前很流行的社會寫實劇，所表現的時代特色，那就更加的濃厚了。但反映社會，是賴戲劇家敏銳的眼光，去發掘那個時代人心的普遍眞相，絕對不是在揭發社會的瘡疤，或列舉社會的一些特例，故意的加以擴大渲染，以挑起人與人間的仇恨，製造社會問題，如此便是社會罪人，那能算是寫實劇。又戲劇的眞實，指着是劇情發展的合理，符合當時一般人共同的心理現象，並非一定跟眞的事實一模一樣，所以不管劇作家或演藝人員，只要本着對人類的愛心，合乎人情，旨在淑世濟民，而眞實的反映出當時社會的黑暗面，以激起大衆普遍的共鳴，從而使在位者知道有所改革，那又有何不可？最要不得的是：假借寫實之名，故意歪曲事實，以逞其私欲，如此的劇作家，那就不足以爲訓了。

二、戲劇應發抒人心的苦悶

人是感情的動物，有七情六慾，加上環境的束縛，以及能力的有限，因此，難免有不如意的時候。有些悲觀的學者，認爲人有與生俱來的欲望，而欲望便是造成人類痛苦的根源，因無窮的欲望，生於永遠的不足，不足便是痛苦，卽使所欲能償，便又轉爲厭倦，厭倦又是痛苦，人生有如鐘擺一樣，往復於追求痛苦和滿足厭倦之間。（註五）無窮的欲望，生活的壓力、人生的無奈，需爲生存而掙扎，因而容易引起情緒的不平衡，痛苦便隨之而來，爲了減少痛苦，有人逃避現實，有人歸依宗教，以求精神的有所寄託。有人裝瘋賣傻，漠視人生，像似喜劇性人物，其實却往往都是因對人生失望的無奈所引發，並非眞的樂觀。所以有人說：「喜劇的角色，用來反襯出大悲劇的陰慘。」（註六）有人則對痛苦的人生作消極的適應，甚至自暴自棄，這都不是正常的人生。所以戲劇的功能，必須要能抒發觀衆內心苦悶的情緒，打開他們心中的鬱結，所以戲劇必須注意它的娛樂性，就是這個道理，使每個人在看戲中，能暫時忘記人間的是非與痛苦，以求得心情的舒暢和慰藉，所以有很多人喜歡喜鬧劇，就是出自這種心理。除了喜鬧劇外，縱使是悲劇，也同樣的可達到發洩內心愁苦的效果。例如有人一邊看悲劇，一邊擦眼淚，還是照看不顧，一來可能是劇情的感人，二來或許是劇中人的遭遇和情節，即現實人生每一個人共同的心理現象，如今被演出來，自然心情會感到舒暢無比。所以一齣好的悲劇，感人的力量特別深，往往讓人久久難以忘懷，原因即在這裡。有人離鄉背井，時間一久，難免有思鄉的愁悵，如看了元劇王粲登樓，也許可暫時舒解一些鄉愁。因此，一位劇作家的責任，無論在處理男女的感情、或來自政治上、人際關係上、現實生活上……的種種痛苦，應該透過戲劇情節的安排，使觀衆得到適當的發洩，讓人人都能以樂觀進取的心，去面對人生。

三、戲劇應圓滿人生的缺陷

宇宙萬物，林林總總，我們賴它而生，但我們對自然又有何貢獻？所以我們應該感到滿足才對。可是有幾人能有如此的想法？究竟人生還是有不少缺陷，很難圓滿；如人雖然號稱為萬物之靈，但人力畢竟是有限，又如人的年壽，也是有時而盡，再如許多客觀環境的限制，都非一個人可以隨心所欲，所以大體說來，人生不可能完美無缺，連中國最富人生哲理的一部經典——易經，全書最後一卦便是未濟卦，即在說明人生本來就非完美，一生中，除了生、老、病、死不可避免的痛苦外，如挫折、失意、貧窮、離別……無一不是人生的缺陷，這些缺陷，必須靠精神力量來彌補。而戲劇在所有藝術中，是最接近人生的，因此一位劇作家，應該負有一個很大的責任，如何把人生的種種缺陷在戲中得以圓滿，這樣才合乎一般人的願望，因爲人生本來就爲追求那麼一個圓在奮鬥。所以一部健康的戲，應能彌補人生的不足。中國人一直具有很強烈的這種傾向，所以中國的傳統小說和戲劇，很多都是以大團圓作結局，使人人皆大歡喜。也因此，有些不了解這種背景的人，常指責中國小說戲劇缺乏有深度的悲劇作品，而不了解中國民族性本是比較落實，加上人生原來就有許多的不如意，因而不喜歡再把人逼到極端。所以我們看中國小說或戲劇中的人物，不管是天生、環境或性格所造成的悲劇，劇中人對不幸的際遇大多較能安然處之，只希望以後天毅力、或是道德的實踐，來提升自己，以彌補坎坷的命運，這也是一般中國人的人生觀。

四、戲劇應指引人生的迷惘

中國昔聖先賢，如孔子、孟子，都承認每一個人具有天生的仁心善端。可是人性到底是善、是惡，歷來有很多的爭論，很難得到一個正確的答案。不過我們站在人性尊嚴的立場，我倒願承認人性應該具有善根和良知的，只要人人保有此善根、良知，便可以行善。所以孟子說：人人皆可以爲堯舜。但人因受到外界繁華事物的引誘，和自身生理欲望的需求，良知易遭矇蔽，一旦心生翳障，則有墮落的可能，於是社會上爲非作歹的事件，也就隨時可見。所以一個人當是非不明，站在理智與情慾有待抉擇的叉路上時，則不免會感到迷惘，那麼最具通俗性且富有教育功能的戲劇，對人生可能產生的迷惘，以及那些在歧路上徬徨的人，應該能爲他們指出一條可走的坦然大道。而不能寫些充滿灰色，火上加油，越看越消極，越看對人生越感失望的作品，在我們傳統國劇裡，教孝教忠，鼓勵人奮發向上的作品很多。如趙氏孤兒一劇中的公孫杵臼和程嬰，在人生緊要關頭，所表現的那種義無反顧的精神，實在很令人敬佩。其實不只是戲劇，任何文章或藝術作品，都應該給我們提供更高的人生指標，就是要告訴每一個人，在現實生活中，除追求柴、米、油、鹽……等吃穿和感官的滿足外，似乎還需要具有更高的人生理想。如紅樓夢諸劇，賈寶玉這一典型人物的塑造，就是在說明一個人如只知追求榮華富貴和女色的滿足，而缺乏遠大的抱負，有一天眞的擁有這些東西，內心依然會感到空虛，就如賈寶玉生長在榮國府，在物質生活上，應有盡有，又有一大堆女孩圍在身邊，本應該感到滿足才對，但最後他還是遁入空門，以求解脫。這便指出了精神生活要比物質生活來得重要些。所以一齣好戲，應該能開拓每一個人心靈的視野，能爲民族、人類未來的幸福着想，將個人有限的生命，借人生理想的開拓，而化爲無限，這也是中國人所標榜「天人合一」、「天下爲公」、「世界大同」的胸懷。這並非遙不可期的迂腐之論，就看人類是否有眞正的誠意和決心。而這一分的信念，可透過戲劇對群衆的感染力，慢慢的加以誘導，以淨化人的心靈，知道如何來建立一個共生共榮、眞正合乎人性的社會。

五、戲劇應肯定人生的責任

我們不能離開群體而獨立，我們仰賴社會而生，同樣的個人也需爲團體的繁榮發展，奉獻自己的智慧和能力，做一位眞正有用於社會的人。因此人人必須盡其所應盡的責任，這種正確的人生觀，在戲劇中應該得到肯定和弘揚，不能誤解人生如戲，認爲人既然生活在花花世界中，就可花花的來，花花的去，抱着一種不負責任的態度，遊戲人間。如站在中國人的立場，一部好的戲劇，應該傳達下列幾點人生的責任感：

1.歷史的責任

我們常常以擁有五千年悠久的歷史文化，而引以為榮，在這時光的洪流裏，有不少的聖賢豪傑，使江山多彩，使歷史增輝，面對着這麼悠久、光榮的歷史，我們深感責任的重大，我們的祖先給了我們光榮的過去，而這一切的一切，我們不但要繼續讓他綿延下去，並且還要加以發揚光大，讓它永遠生生不息。如我們看到陸文龍一劇，便會深深感到歷史責任的重大，尤其在今天，更需透過戲劇教育的功能，鼓舞我們的國民，如何再去創造光榮的歷史。

2.文化的責任

中國自近一、二百年以來，由於與西方的接觸日漸頻繁，在外國高度科技文明的衝激下，有不少國人對傳統文化不但失去信心，甚至還加以誣衊、輕視，這樣不但救不了自己的國家，反而造成民族自信心的喪失。今天我們國家之所以還處在分裂的局面，固有文化的疏離，也是重要的原因之一。在這種情況下，一味的學習外國，不但難得其利，反而要先受其害，不知歷史文化乃是我們生存發皇的根，失去它，一切當無所依附。就以戲劇來說，中國是一個愛戲的民族，我們不相信我們的戲劇水準會比外國差，就以國劇來說，它可說是一種最完美的藝術，包括詩詞、歌唱、舞蹈、音樂、美術、刺繡……等，無論那一國的戲劇，絕對無法與其相比。但自新文化運動以來，對於傳統一切，不分好壞，完全加以懷疑、否定，寧可去學習外國的歌劇，而對自己的國劇却不屑一顧，如此一味的東施效顰，也不考慮自己的文化背景和民情風俗，這是國人的悲哀。如當今的一些鬧劇，往往將整個蛋糕往他人臉上丟，或將整盤、整碗的食物，往別人身上倒。請問在「一米一飯當思來之不易」的傳統觀念下，看到這種胡鬧，難過都來不及，怎能笑得出來。又外國有什麼亂倫、殺父戀母情結，中國是一講求人倫的國家，外國有，難道中國也一定非有不可？像這些例子，不但戲劇如此，其他文藝創作，也多得不勝枚舉。如此捨去自己的精華，而專學他人的糟粕，怎會有高水準的作品產生？縱使傳統眞的不好，我們也先要去了解它，才知道如何的去改進，何況事實並非如此。今天有很多人中了部分新文化運動人士的毒，在未了解傳統之前，就先予以否定、鄙棄，這是做一個中國人應有的態度嗎？相信國人喜歡戲劇的一定不少，但不知對傳統國劇究竟了解有多少，彭歌先生說得對，他說：

> 我建議這一代的青年朋友，下一點功夫去聽戲、看戲，從戲劇中固然未必能得到歷史的眞實，却可體會中國人對人生的態度和精神，這是很淺近，也很切實的文化復興。

我們站在文化承傳的責任上，不但要承先，也要啟後。唯有吸取傳統的精華，再加上外國的長處，我們才有可能迎頭趕上別人。

3.傳播語言的責任

藝術有藝術的語言，如詩、詞、曲的文詞就不同於一般散文。又如傳統的平劇，不管唱腔或賓白，也異於平常的言語，因其語言獨特，而構成一種特殊的美感，所以會欣賞國劇的人，不叫看戲，而叫聽戲。縱使戲劇的語言不同於平常的言談，但它仍講究字正腔圓，雅俗共賞，而不能流於低俗。但今天我們在電視上所看到的一些話劇，有時不免亂造詞彙、念白字、破壞傳統語言的習慣，而忽略了戲劇的語言傳播上的責任，這是劇作家和演員絕不能忽略的地方。

六、戲劇應正視人生的價值

也許我們今天因生活在國家分裂，舉世動蕩不安的時代，加上核子戰爭的威脅，共產洪禍的橫流，自由民主國家的墮落，工商社會生活的緊張，難免使我們對人生的價值感到懷疑，如前一陣子存在主義意識流和虛無思想的泛濫，有些人也無端的虛無起來，不知人爲何而生以及生命的眞正意義何在？生活茫茫然，有人主張儘量消費，來享受所謂的物質文明，有人一味的追求性的滿足，恍惚過日，無所事事，忽略了人生嚴肅的一面。人雖也是動物，但跟一般動物絕對不一樣，我們不但要延續生命，而且還要光大生命，曾國藩說：「不爲聖賢，便爲禽獸」，人與動物之別，就在人能創造文化，弘揚生命的價值。因爲小我與大我息息相關，小我的生命，只是大我的一部分，雖說人生如戲，但並不等於戲，所以胡適說：

> 有人對你說：「人生如夢」、「人生如戲」，其實人生不是夢，也不是戲，是一件最嚴重的事實。你種穀子，便有人充飢，你種樹，便有人砍柴，便有人乘涼。你拆爛污，便有人遭瘟；你放野火，便有人燒死，你種瓜便得瓜，種豆便得豆，種荆棘便得荆棘。（註八）

人要正視人生的價值，並對自己的言行做正確的判斷。所以一齣好戲，一篇好的文學作品或一件藝術品，必須能不斷的激起觀衆向上提升的衝動，而不是將人拉回跟動物一樣的層面，甚至連禽獸都不如。

如動物相殺，只是爲了飽腹，但一齣戲如在鼓動仇恨，造成人類的爭端，試問人與獅子、老虎又有何不同？所以中國的儒家，要人祖述堯舜，憲章文武，要人希聖希賢，要人行仁行義，這並非落伍，也非道德教條，因爲唯有這樣做才像人，才能提高人的地位，道德絕非迂腐，只要行它一分，就有一分的樂趣。所以一位作家，一位演藝人員，不可忽視人的價值，這樣對社會才會有積極的貢獻。

三、結　語

就人生舞台而言，人人都是角色，當然要勉勵自己做一位成功的演員。如就戲劇舞台來說，我們當觀衆的機會多，但如有機會自己不妨也上上台，且要扮好自己的角色，演什麼，像什麼。可是必須遵守一大前題，那就是不管喜劇、悲劇、鬧劇都要有意義有價值，要把現實人生眞誠的感動，透過舞台上的演出，以引起觀衆的共鳴，並對崇高的生命能得到啟示和鼓舞，激發大家爲建設和諧的社會共同努力。

戲劇是最大衆化的娛樂，帶有化民成俗的社教功能，因爲它不像詩詞歌賦那麼的專門性。戲劇是透過人的聽覺和視覺，最能直接打動人心，進而可支配人的生活意念（註九），所以我們可借這麼好的藝術，以達到「衆樂樂」的目的，我們所希望的娛樂，不是在消耗人的精力或甚至令人灰心喪志，而是要借着娛樂以儲備向前奮進的鬥志。因而劇藝人員，必須具有更開濶的胸襟和高遠的人生理想，所謂「士先器識而後文藝」，就是一位傑出的劇作家應有的修養。我們不能低估觀衆。有人說：「原來戲劇的本質，除娛樂外，還有一種教化作用，比娛樂更重要。」教化，也是劇作家的主要目標。雖然有人高唱「爲藝術而藝術」，反對所謂的教化功能。其實眞正的藝術，是在追求眞、善、美，而眞、善、美也正是人生的理想。所以眞正的「爲藝術而藝術」和「爲人生而藝術」，應該是合而爲一的，怕的是有些人把「使性子」、「恨世嫉俗」、「不修邊幅」看成是「爲藝術而藝術」，而把「製造社會混亂」、「挑起人性的衝突」，看成是「爲人生而藝術」，如果眞的如此，寧可不要什麼藝術。今天爲了要建立一個安定和樂的社會，享受眞正幸福的人生，我們必須善加利用戲劇普遍性的效果。因此如何去培養高水準的劇藝人員，那是刻不容緩的時候了。（部分發表於東方雜誌十六卷十一期）

【附註】

註　一　見彭歌著戲劇與人生，九歌出版社。

註　二　見陳明中著戲劇與教育，商務印書館。

註　三　見元明清劇曲研究論文集，嚴敦易元雜劇文。

註　四　見曾永義戲曲中戲劇的虛與實。

註　五　見王大愚著紅樓夢人物論頁六十四，長安出版社。

註　六　同註五。

註　七　同註一。

註　八　見胡適文選。

註　九　同註二。

中國神仙信仰的形成與談仙文學

一、前　言

本文所要談的神仙專指「仙」而言，並不包括其他諸神。而一談起神仙，很多人就會聯想到中國的道教。其實中國的神仙思想起源甚早，它代表著中國人特有的人生觀，與道家、陰陽家的學說有不可分割的關係。在秦漢之際，神仙信仰已相當的普遍，到了東漢末年，由於特殊的環境背景，加上外來釋家宗教儀式的啟示，而有所謂「道教」的產生，其間神仙信仰便是促進道教形成很重要的關鍵，老莊之書遂慢慢轉變成道教的經典，像五斗米教派的「老子想爾注」、葛玄的「老子節解」、「河上公的老子注」等三神仙家所注的「老子」，都已不是「老子」的原來面目，所以我們要探討神仙信仰，必須推溯到道教形成以前。

中國人所談的神仙洞府，是象徵著那生而不死、神妙莫測、快樂無憂、逍遙自在的人生樂園，也點明了古代中國人對人生的企盼，與基督教徒追求天堂，佛教徒追求西方不生不死的極樂世界，基本上是出自同一心理，其中具有無上的人生哲理在，絕不可貿然以迷信視之。

二、追求神仙的本質——養生保眞

人類天生或有一種期望，即想追求長生與享樂，這是極自然的現象，漢書藝文志說：

> 神仙者，所以保性命之眞，而游求於其外者也。聊以盪意平心，同死生之域，而無怵惕於胸中。

這是正史對神仙的看法，也說明了兩漢時人追求神仙的本意。漢志是班固根據劉向、歆父子的別錄、七略，加以刪減而成的（註一），在方技略中，共蒐集了醫經、經方、房中、神仙四方面的著作。根據其排列的順次，隱約的是在說明一個人養生的層次——始於通醫經，而終於神仙的求得。凡生物有生必有死，何況人體也是血肉之軀，久經外在風霜的侵襲，又需爲生活而勞碌奔波，難免滋生病痛，所以養生最重要的是在知病痛的根源和調養的道理。而方技略首列醫經書目，目的就在：

> 原人血脈經絡骨髓陰陽表裏，以起百病之本，死生之分，而用度箴石湯火所施，調百藥齊和之所宜（註二）。

一個人了解自身生理狀況，又知病痛的起因，便是養生的第一步。但知病痛的根源以後，還需對症下藥，以恢復健康，增進身體的抵抗力，避免疾病再度纏身，因此研究「經方」，也是出自養生的一種必然發展，所以方技略於醫經之後，接著便是介紹經方，藝文志說：

本草石之寒溫，量疾病之深淺，假藥味之滋，因氣感之宜，辯五苦六辛，致水火之齊，以通閉解結，反之於平。

可見「經方」的研究，是爲了長生的需要，中國漢醫、草藥所以特別發達，或與這種思想有關。但是有些疾病並非藥力所能克服，人依然免不了老病、死亡的痛苦，於是古代的中國人，他們又想如何藉著自身體氣的調適，以增進生命的韌性，於是又有所謂取陰補陽，或取陽補陰，希望能陰陽調和，延年益壽的房中術。漢志說：

房中者，情性之極，至道之際，是以聖王制外樂以禁內情，而爲之節文。傳曰：「先王之作樂，所以節百事也。」樂而有節，則和平壽考，及迷者弗顧，以生疾而隕性命。

如何節情以求壽考，也是養生的一大課題。但房中術日後有被扭曲，走上邪門者，那是另外一回事。雖然懂醫經，知經方，悉房中，但人還是難免一死，對人生來說，仍然是一大缺憾，因此如何突破死亡的大限，去追求永恒的生命，便成了養生的最後目標，而在傳統的民俗信仰裏，那種超人且可長生的象徵，便叫神仙，於是追求神仙乃極其自然的事。可惜漢志所列神仙一家，今全部亡佚，無法詳知其內容，但從其所謂黃帝岐伯按摩、黃帝雜子芝菌（師古注云：「服餌芝菌之法也。」）等書目以觀，無非是在介紹長生百命之要術的。縱使後世有人批評其虛妄不實，但就養生的過程來看，漢志所列的神仙家倒是相當的具體且合理。

就整個方技略而言，可說是代表著東漢以前中國人一套很完整的養生哲學，以懂醫經作爲養生基礎，然後再藉外界藥物（經方）和內在調養的功夫（房中），以達成神仙長生的大願。所以方技略不但是養生哲學，而且也給中國神仙信仰的形成，提供學理的依據。所以中國神仙說，在秦漢已相當成熟，不只方技略是一大證明，從今天出土的許多漢鏡裏的圖畫，也可以看到不少神仙的幻境（註三）。

三、神仙信仰形成的歷史回顧

神仙信仰在中國來說，是出自個人養生，以追求一永恒生命的必然結果，但另外還有幾個特殊因素，加速了這種信仰的形成。

一、自然的神秘

偉大的自然界，無遠弗屆，人只不過是大自然的一個小個體。人類雖生爲萬物之靈，有高度的智慧，可是人類所不知的要比所能知的多得很多。如人來自何處？歸去何方？日月星辰風雲變幻，……等自然現象，無一不帶著神秘的色彩。我們是依靠自然而生，但自然界林林總總的一些問題，又不是我們所能預知，於是由於對自然的恐懼或崇拜，難免對大宇宙產生種種的幻想，並對其神秘性給予一合理的解說。又由於人世間的種種不完美，很容易的會聯想到我們居住的空間，應該還會有一更理想的世界，那便是仙境，住在仙境的超人，便是仙人。又基於中國人的落實精神，仙人已被人性化，他們相信仙境應該是在世間，而不是死後的天堂。

二、人力的極限

中國人雖然具有高度克服困難的意志，但事實上人力確有其極限，如每一個人由出生、長大，到衰老、死亡，任何人都無法置身其外，由於對死亡的恐怖，不免幻想神仙，以求永生，因唯有神仙才能變不可能爲可能，並突破生命的限制，長生不死；又神仙能騰雲駕霧，穿山入地，遨遊寰宇，如此無所不能的人生，才無遺憾。所以神仙的幻想，乃由於人力的有限，所引起的補償作用。如果從心理學上加以解釋，可以說是將現實人生的缺憾，藉著神仙夢來圓滿。

三、環境的壓迫

人生本來就有種種的缺憾，如上面所說的生命有限、能力不足等。如果再遇上政治的暴虐無道，天災人禍壓迫著每一個人無法過正常的生活，而本身又無力與環境相對抗，在失望之餘，可能做二種消極的適應，一是心想只要能保得住生命，留得青山在，就不怕沒柴燒，如再具有一身好功夫，自有改變環境的時日，自然很容易幻想當起神仙來。二是爲了擺脫現實生活的痛苦，只好遯入大自然，不問世事，過著閒雲野鶴般的生活，神仙一道，當然變成了被熱衷追求的一大目標。

四、道家的養生

神仙信仰與中國道家思想有相通的地方，老莊對人生的看法，是要人盡量少去人爲有形的約束，純任自然，不受物累，全性養眞，以愛惜寶貴的生命。如莊子即以「至人」、「神人」、「眞人」作爲理想人格的指標。這種超人格的形象，與民間信仰中的神仙，已無二致。道家爲了實現這理想，因此勸人借養生來突破生命的限制，使自己走向永恒。許地山說：

道家的養生思想，進一步便成神仙信仰。……因爲養生者說，有養形、養神的主張，和道與天地同體無始無終的說法，所以與神仙資格很合。（註四）

老莊養生說的極度發展，自然以永生不死的神仙爲理想，正與方技略的思想相吻合。因此漢代有些道家者流，實際就是求仙採藥的方士。（註五）

五、陰陽家思想

戰國時期，騶衍、騶奭等陰陽家受燕、齊方士的影響，想藉陰陽消息和木火土金水五行生尅的道理，來解釋宇宙人生時空變化的規律。如騶衍提到人所居住的空間，他認爲：

> 儒者所謂中國者，於天下乃八十一分居其一分耳。中國名曰赤縣神州，……中國外如赤縣神州九，乃所謂九州也。於是有裨海環之。（註六）

騶衍這大九州的說法，不但擴大了人類想像的空間，而且也給神仙住處，找到了根據。於是「方士及文學之士又增益許多怪異的說法，仙人與不死藥底信仰因此大大的流行。」（註七）

六、神話與傳說

神話傳說與神仙信仰，彼此有相互的影響。由於中國人特別著重六藝經典，因此我們的祖先雖留有很豐富的神話傳說，但被記載流傳下來的並不多。今天只能透過一些零星的片斷，去了解我國古代神話的面貌。就以神仙信仰來說，便與一些仙鄉樂土的神話、仙話傳說有關。他們「不耕而食」，「不織而衣」，「不夭不疾」，「無衰老哀苦」，不必工作，且可快快樂樂的生活，這正是一般人夢寐以求的。像這些仙人的傳說，在山海經、穆天子傳、莊子、楚辭、淮南子、列子……等書，都可見及，尤其像列子一書所提到的：化人之宮（湯問篇）、終北國（湯問篇）、列姑射山（黃帝篇）、華胥國（黃帝篇）等神仙住處，便是人們的理想樂土。雖然列子一書，或是魏晉間人所僞，但書中的一些說法，可能就是早期神仙傳說的留影。

七、方士的鼓吹

扮演人神之間的交通者，稱之爲巫覡。巫在秦漢以前已相當流行，後來對這些能超人言行的「方外」之士，就稱之爲「方士」。他們除了求仙採藥外，又懂得一些巫術。秦漢時，他們利用帝王奢求長生不死的心理，大量鼓吹其神仙家說。尤其是燕齊方士，東望是茫茫無邊的海洋，加上風雲變幻，海市蜃樓，難免給人一種仙山的暗示。（註八）於是對仙山、仙人更是深信不疑。秦始皇便是最熱衷此道者。於是在這批方士們的慫恿下，他到處尋找長生不死之藥，又臨泰嶽封禪，以求見神仙。在史記秦始皇本紀有二段明顯的記載：

齊人徐市等上書，言海上有三神山，名曰蓬萊、方丈、瀛洲，仙人居之。請得齋戒，與童男女求之。於是遣徐市發童男女數千人，入海求仙人。

又：因使韓終、侯公、石生求仙人不死之藥。

從這二段話中，可以看出神仙是住在蓬萊、方丈、瀛洲，且仙人可以長生，所以求仙的目的就是爲了得到長生不死之藥。雖然秦始皇最後還是死在沙丘，然而並不因此就減低了人們追求神仙的熱望，尤其是雄才大略的漢武帝，對神仙的渴望更是不亞於秦始皇。他對學術，雖然獨尊儒術，但於思想，却又極端的推崇神仙。他相信李少君說以「祠竈」、「穀道」，可以益壽延年，蓬萊可見，於是便親自「祠灶」，並遣方士入海求蓬萊安期生。又相信齊人少翁能致鬼神，於是「作甘泉宮，中爲臺室，畫天、地、泰一諸神，而置祭具以致天神。」他又迷信欒大的神通廣大，說能見安期、羨門等仙人。方士又向他鼓吹黃帝因登泰嶽封山成功，所以升天成仙而去，因此，他也急欲封禪。又聞公孫卿說：「仙人好樓居。」他便在長安建蜚廉桂觀，在甘泉建益延壽觀。（註八）武帝一心想長生不死，羽化登仙，幾乎成了神仙迷，但最後仍然白費心思一場。可是好此道的方士們，仍然不死心，繼續做他們的神仙夢，在廣大的民間，所謂神仙的影子，也無法抹掉，終於促進了道教的興起。後來再經道士們的鼓吹，所謂神仙洞府，則更顯得撲朔迷離。

四、談仙文學

在神話傳說裏，已有不少神仙信仰，前節已經提到。再如較早的典籍，也有不少神仙的記載，如莊子逍遙遊曾提到藐姑射山的仙人，宋玉高堂賦也提到巫山神女。到了秦漢人的著作，提到神仙的更多，除史記、漢書之外，如淮南覽冥篇就提到羿請不死之藥於西王母。魏晉道教神仙信仰形成以後，道士及一般文人歌詠神仙的作品，更是隨時可見，後來中國傳統小說戲劇中，也有不少取材於神仙故事的，現爲了探討的方便，姑且分爲下列幾個類型來敘述：

一、神異小說偶談神仙

所謂神異小說，所記的都是一些神奇鬼怪的異聞異事，當然包括志怪和傳奇。這些作品並非全在談神仙，只是偶而提到，如比較早的山海經、穆天子傳，都提到西王母。魏晉以後，這一類的故事更多，如僞託漢人作的：漢武帝故事、郭憲漢武洞冥記、東方朔傳、西王母與東王公、西京雜記等書，以及魏文帝列異傳、干寶搜神記……等，都有不少神仙的記載，至於後來的封神演義，則幾乎就是一部專談神仙的通俗小說。

二、衆仙列傳傳述神仙

這類的作品，寫的都是衆仙傳記，或與衆仙有關故事。比較早的作品要算是劉向的列仙傳和葛洪的神仙傳十卷。神仙傳是葛洪爲答覆弟子滕升問仙人之有無而作，所錄仙人共八十四位。以後筆記、傳奇也有零星有關仙人傳記。日後雜取民間傳說，將神仙故事作成小說情節性的著作頗爲不少，例如明代吳元泰所撰寫的上洞八仙傳，又名八仙出處東遊記，就是其中極爲有名的一部。本書旨在說明李鐵拐得道渡鍾離權，權渡呂洞賓，二人又共渡韓湘、曹友、張果、藍采和、何仙姑成道的故事，這也就是後人所稱的八仙。書中接著又介紹他們八位俱赴蟠桃大會，歸途各履寶物渡海，有龍子愛藍采和所踏玉版，攝而奪之，遂大戰。八仙火燒東洋，龍王敗績，請天兵來助亦敗，後得觀音和解，乃各謝去。(註九)這裏仙人，不只是長生的象徵，而且已是法力無邊。全書文言、白話雜出，無大可觀，但八仙故事，對民間却具有深遠的影響。如臺灣到處有仙公廟，又民間嫁娶或喬遷，常懸掛八仙神像，以討吉利，便可見其一斑。其他不一一類擧。

三、遊仙詩文幻想神仙

道教成立後，神仙信仰普遍的被一般人所接受，尤其在魏晉時代，由於儒學的衰微，政治混亂，戰爭連年，人人感到生命朝不保夕，於是有人遁入玄虛的仙境，在一些文人的筆下，則充滿著遊仙的意味。如曹植詩就有遊仙篇、仙人篇、遠遊篇、升天篇以及洛神賦等。但最具代表性的要算是晉何劭的遊仙詩一首及郭璞的遊仙詩十四首。何劭遊仙詩云：

青青陵上松，亭亭高山柏。光色冬夏茂，根柢無凋落。吉士懷貞心，悟物思遠託。揚志玄雲際，流目矚巖石。羨昔王子喬，反道發伊洛。迢遞陵峻岳，連翩御飛鶴。抗跡遺萬里，豈戀生民樂。長懷慕仙類，眩然心縣邈。

郭璞遊仙詩第一首云：

京華遊俠窟，山林隱遯棲。朱門何足榮，未若託蓬萊。臨源挹清波，陵崗掇丹荑。靈谿可潛盤，安事登雲梯。漆園有傲吏，萊氏有逸妻。進則保龍見，退則觸藩羝。高蹈風塵外，長揖謝夷齊。

像這些作者直接標題就叫遊仙詩，相當特殊，它是「揉雜着道家思想與道家迷信，再採用古代的神仙傳說和一切奇異神秘材料，造成一個美麗的空虛的仙界。」（註十）從這些詩中，可以反映出當時的社會現況，和詩人的心志。作者幻設一個離奇的虛幻世界，而把現實的不如意盡托諸荒唐的神仙意象中。

我們不妨把這些詩文，看成是神話傳說的延續，具有我們民族强烈的夢影，對硏究中國人的人生觀和文學思潮，有相當高的參考價値。

四、文人筆下羨慕神仙

歷來的中國文人，雖不一定都迷信神仙，但在他們的作品裏，却有不少顯露出對神仙嚮往的作品，有些甚至接近遊仙詩，只不過不以遊仙爲名而已。如曹操的陌上桑：

駕虹蜺，乘赤雲，登彼九疑歷玉門。濟天漢，至崑崙，見西王母謁東君。交赤松，及羡門，受要秘道愛精神，食芝英，飲醴泉，柱杖枝，佩秋蘭。絕人事，遊渾元，若疾風遊欻飄飄。景未移，行數千，壽如南山不忘愆。

這雖不標明是遊仙詩，其實與遊仙詩已無大差別。其他像氣出唱、精列等多篇，以及阮籍詠懷詩八十二首，也到處可看到王喬、羡門……等神仙的字眼。他如唐詩人崔曙的九日登望仙臺呈劉明府詩：「河上仙翁去不回。」又如李白廬山謠寄盧侍御虛舟：「五嶽尋仙不辭遠，一生好入名山遊。」「遙見仙人彩雲裏。」宋蘇東坡赤壁賦有：「挾飛仙以遨遊。」宋詞如韓元吉水調歌頭：「笑談間，風滿座，酒盈杯，仙人跨海休問，隨處是蓬萊。」又陳亮一叢花：「樓臺恍似遊仙夢。」再如元曲張可久的湖山懷古：「採藥仙翁，賞酒人家。」又如山中雜興：「伴赤松歸歟子房。」像這一類的作品，不勝枚擧。人世間多少名韁利鎖，不少人爲它煩惱白頭，而這些騷人墨客，寄意仙人仙山，其目的乃在現實世界之外，尋求另一片天地，以作安身立命之所，並忘却煩人的塵念，而希望能找回眞正無拘無束的自我。

五、談仙文學的特色

有關談仙文學，我們不必把它看得太特殊，它也只不過是各種不同類型文學中的一種而已，但却很有中國風味，大致說來，具有下列幾點特色：

一、逃避現實

從上面所列舉的談仙文學作品來看，雖然是在反映現實的社會，但就本質上來說却是逃避現實的。如在他們的作品裏常常提到蓬萊、方丈、瀛洲、崑崙等仙山，有的雖然確有其地，但究竟是離開人世的飄緲樂園，然而却成了他們理想中長生久住的地方。又如他們歌頌的西王母、東王公、赤松子、王喬、羨門、河上公等仙人，大都是假託的，有的雖確有其人，但大多是神仙化與塵世隔離的人，而他們心中所追求的，竟都是具有神仙色彩的神仙形象，所以談仙文學有强烈逃避現實的趨勢，所希望的是能求得自我的解脫。如曹操精列詩云：

思想崑崙居，見期於迂怪。志意在蓬萊，志意在蓬萊。周孔聖徂落，會稽以墳丘。

「周孔聖徂落」，又反覆吟詠：「志意在蓬萊。」那種遺世絕塵的意念，顯然可見。至於那些虛構專談神仙的作品，距離眞實那就更加遙遠了。

二、嚮往自然

仙字又作僊，說文：「僊，長生僊去也。」又：「仙，人在山上，從人從山。」所以從字的結構來看，「仙」字便具有與自然合一的意味。所謂仙山，不是在天界，就是在高山荒野之處，因爲高山荒野與天相近，所以談仙文學具有很强烈的自然傾向。因爲人是來自大自然，又靠自然而生，最後軀殼入地，靈魂上升，仍須回歸自然，於是當一個人遇到挫折不如意的時候，便會想到投回大自然的懷抱，藉以求得心靈的平靜，以保持性命的本眞。因此仙境的追尋，是希望在大自然中找到一個逍遙自如的安身立命之所，這與避世隱逸的田園山林文學，完全是出自同樣的心態，不過談仙文學比山林文學顯得更爲玄虛。

三、抒鬱詠懷

談仙文學所表現的，雖然是一種傾慕自然，逃避現實、玄虛迷幻的世界，但不可否認的，它也是作者抒鬱詠懷的作品，所以昭明文選遊仙詩李善注云：

凡遊仙之篇，皆所以滓穢塵網，錙銖纓紱，淪霞倒景，餌玉玄都，而璞之制，文多自敘。雖志狹中區，而詞無俗累，見非前識，良有以也。

李善云：「璞之制，文多自敘。」即指其遊仙詩之作，乃出自詠懷，所以說它是詠懷詩，也不爲過。（註十一）這些作家不必一定要身處仙山，他們只不過藉談仙以抒懷，並化解胸中的鬱結，寄託苦悶的靈魂。因此有關談仙文學的作品，不能完全視之爲無用，如果就作者而言，它仍是具有相當高的實用價值。

㈣玄虛浪漫

仙境本是一虛幻的世界，仙人也是遙不可及的人物，所以有關這一類的作品，常常表現出一種玄虛神秘的色彩。如崑崙、蓬萊變成他們所歌詠的仙境；王喬、羨門、赤松子、河上公都成了仙人逸士，也是他們最高的人生理想。（註十二）如曹植升天行詩云：

乘蹻追術士，遠之蓬萊山。靈液飛素波，蘭桂上參天。玄豹游其下，翔鶤戲其巔。乘風忽登舉，彷彿見衆仙。

又如仙人篇云：

驅風遊四海，東過王母廬。俯視五嶽間，人生如寄居。潛光養羽翼，進趨且徐徐。不見軒轅氏，乘龍出鼎湖。徘徊九天上，與爾長相須。

其他像嵇康、阮籍、郭璞……等談仙的文學作品，無不充滿著個人玄虛浪漫的色彩，給中國文學又增添了另外不同的境界。

六、結語——隨時養性便是仙

中國的神仙信仰，的確是中華民族的一大特色，從民間到帝王，從文學到其他藝術，無不受到影響。它雖具有西洋宗教的意味，但却與基督、佛教等宗教信仰有很大的不同。基督的天堂、釋迦的西天，都是死後的世界，因此，永遠只能幻想，既無法證實它的存在，但也不可能加以否定，所以至今仍然還有很多的信徒。但中國的神仙幻境，必須在人生實踐，這是中國人落實可愛的地方。但自道教興起以後，導引、煉丹、符籙、驅鬼……等風大爲盛行，可是人的年壽還是「有時而盡」，因而神仙之說，難免被指責爲迷信。但煉丹術成爲近代化學的主要來源之一，也促成火藥的發明。至於導引內丹術，對近代醫學有很大的啟示作用。雖然在今天科技昌明的時代，我們仍不得不承認神仙長生術對中華文化的貢獻。又我們也不可忘記，神仙的本質是在養生保眞，而養生又以養性爲主，所以說「隨時養性便是仙」。一個人只要時時不忘養生修德，心中快活，生命富有靱性，神仙自在心中，這是中國神仙信仰的原意。所以仙境雖然玄虛，但追求的過程却相當的實際，這是外國宗教所不能及的地方。

【附　註】

註　一　見漢書藝文志。
註　二　同註一。
註　三　見張金儀著漢鏡所反映的神話傳說與神仙思想（故宮叢刊）。
註　四　見許地山道教史第六章神仙信仰與追求。
註　五　同註三。
註　六　見史記孟荀列傳。
註　七　見許地山道教史一四一頁。
註　八　以上並見史記漢武帝紀。
註　九　見中國小說史略一五九頁「明之神魔小說」。

註一〇　見劉大杰中國文學發展史二四二頁（華正書局）。
註一一　見劉麟生中國文學講座㈡中國文學講話三九頁。（啓明書局）
註一三　同註一〇、二四〇頁「魏晉文學的傾向」。

東漢的學風與士節

學術風氣與社會風氣息息相關，如一個讀書人，讀聖賢之書，但在言行操守上卻不知分寸，那社會、國家還會有希望嗎？所以顧炎武說：「士大夫之無恥，謂之國恥。」例如東漢在政治上雖然極其腐化，可是由於知識分子的一些作爲，對當時的社會的確產生了某種程度的澄清作用，因此有關東漢的學風與士節倒是很值得我們探討的一個問題。

一、影響東漢社會風氣的因素

資治通鑑漢紀孝獻皇帝二十四年末，司馬光論東漢風俗之美善說：「自三代以來，風俗之美，未有若東漢之盛者也。」顧炎武作日知錄，談及東漢風俗，也與司馬光作同樣看法。（註一）我們想要了解某一時代的社會狀況，如能從當時的民情風俗去探討，一定會有更眞實的體認。而影響社會風氣好壞的因素很多，主要的不外乎是外在的現實環境，和讀書人的言行，以及廣大民衆的思想動向。東漢雖然自和帝以後，外戚與宦官相互爭權，但整個國家在苟延殘喘中，多延續了一段時間，當然也與此三者有關：

一、外在環境的刺激

西漢自董仲舒建議漢武帝罷黜百家，獨尊儒術以後，儒學一躍而成爲當時學術的重心，經過朝廷的鼓勵和學者的弘揚，儒家思想逐漸深入民心，它那種平和的精神，對社會的安定有很大的幫助。但自昭、宣以後，因皇帝年幼，不得不借重外戚，因而造成君權的旁落，國勢也日漸式微。到了王莽，獨攬朝政，又假借儒家之名，託古改制，倒行逆施，爲達到其篡奪帝位的目的，無所不用其極。遺憾的竟有少數讀書人，甘心被其利用，這是對儒學的一大傷害。王氏篡位以後，因操之過急，所用非人，又極力排除異己，以假仁假義籠絡民心，並僞造符命，欺騙百姓，慫恿鷹犬，製造民意，來頌揚自己的功德，致使人心遭受莫大的污染。更不惜杜撰古史，做爲接受禪讓的理論根據（註二）。上所施，下所效，一個政治領導者，居然無恥到如此的地步，社會風氣那有不壞的道理。幸好光武中興以後，爲了敦厚日趨偸薄的社會風氣，把加強教化，表彰氣節，看成是治國理民的當急之務。於是一面崇尚經術，一面重視太學，希望透過心靈的改造，而達到改革社會的目的，的確在當時產生了很大的效果；但好景不常，自和帝以降，外戚宦官相互傾軋，國事日非，地方上更有不少的惡霸，假借他們的聲勢，強佔他人的田宅，掠奪別人的妻女，到處發人墳墓，作威作福（註三），這些不學無術的傢伙，又把當時的政治、社會搞得烏烟瘴氣。司馬光論東漢風俗又說：

「及孝和以降，貴戚擅權，嬖倖用事，賞罰無章，賄賂公行，賢愚渾殽，是非顚倒，可謂亂矣！」

政治的混亂已到如此的地步，而東漢的國祚，居然也維繫了將近二百年，這完全要歸功於光武、明、章諸帝，大力的獎勵氣節，興學術，振人心，挽世道等一連串的措施，才給東漢的社會帶來了一股安定的力量，而延緩了東漢的滅亡。

二、讀書人的自我覺醒

中華民族發源於黃河流域，因受自然氣候、地理、人文等因素的影響，慢慢的醞釀成中國文化的特殊類型。到了孔子首開私人講學風氣，爲了教導弟子，編定六經以作爲教材，可說是會集了中國古代文化的大成。再經過戰國時期孔門弟子或一般讀書人的弘揚，以經學爲主的文化，大概業已定型，至於其他諸子百家，雖各逞己說，也蓬勃一時，但平心而論，那些學說無不是針對六經思想的一種反響，換句話說，諸子百家都是本乎六經，只不過有的從正面立說，有的從反面設論，彼此相輔、相反、相成，稱它爲六經之支裔，一點也不爲過，班固漢書藝文志說：

「諸子十家，其可觀者九家而已。皆起於王道既微，諸侯力政，時君世主，好惡殊方，是以九家之術，蠭出並作，各引一端，崇其所善，以此馳說，取合諸侯，其言雖殊，辟猶水火，相滅亦相生也。易曰：『天下同歸殊途，一致而百慮。』今異家者，各推所長，窮知究慮，以明其指，雖有蔽短，合其要歸，亦六經之支與流裔。」

所以六經的思想，可以代表古代中國人對人生的普遍看法。尤其秦始皇統一天下以後，採用李斯的奏議（註四），焚書坑儒，崇刑峻罰，結果只經過十多年便亡了國，接着又是五年的楚漢相爭，使百姓慘遭戰爭的蹂躪。劉邦建國以後，因歷史的殷鑑在前，一些思想家，開始反省檢討，爲了國家人類的前途着想，如何在思想上給百姓有一正確的指引，不得不作愼重的考慮，於是發乎人性、本乎人倫、中正平和的儒家思想，到了兩漢，便一躍而成爲當時學術思想的主流，並經許多大儒的闡述弘揚，儒家學說已深深的影響着中國人的思想、觀念和行爲。因此，只要稍具道德良心的儒者，看到東漢末葉外戚與宦官的跋扈，以及政治的黑暗，怎不令人憂心忡忡，於是普遍引起一般讀書人的覺醒，基於儒家內聖外王的修持，而演化出重視名節的要求，不是挺身與惡勢力相搏鬥，則用議論批評時政，或者退隱山林，明哲保身，形成一種特殊的風氣。

三、社會型態的改變

中國社會，從殷周到秦漢，轉變至爲劇烈。今天我們從可參考的資料來看，殷商的畜牧業、手工業和農業均已相當的發達。周滅商，其祖先便是后稷，是爲農官，所以周初的社會仍以農業爲主。但從春秋中晚期以後，以農業爲主的社會，也開始動搖，由孟子「不違農時」、「勿奪農時」、「深耕易耨」、「黎民不飢不寒，然而不王者未之有也」等的呼籲，便可得到證明。又自平王東遷，封建的解體，貴族士大夫流落民間，對整個社會產生了很大的激盪作用。再因受戰亂的影響，無業遊民，一天比一天增加，春秋時代四大公子所養之士，便是這些人。在史記裏所敍述的遊俠、刺客人物，也是這一類的典型。秦統一天下後，他們收斂了一時，但流氓氣還在。待秦始皇一死，各路草莽英雄又紛紛的活動起來，劉邦便是結合了這一批人的力量，才底定了天下（註五）。入漢以後，他們因功受封而形成一股新的勢力。一般民間也開始注意到山林川澤之利，而從事工商活動，並逐漸發展成社會的資產階層。但勢力財富最容易使人腐化，社會問題也就隨之而生，王莽新政的許多改革，多項便是針對着這一批人而發，結果沒能成功，倒是光武帝的中興，反而是得到這一股力量的幫助。在光武、明、章之世，社會尚能維持穩定的局面，但後來由於朝綱不振，地方惡勢力與朝廷官吏相互勾結，欺壓善良百姓，社會貧富相差極爲懸殊，富者極其窮奢，貧者無以立錐，面對這種情況，部分有心人士，雖想加以改革，但淸者自淸，濁者自濁，整個社會欲振乏力，到了黃巾賊亂起，整個社會爲之崩潰瓦解，終導致東漢的滅亡。

二、東漢的學風

學風只是整個社會風氣的一部分，其所指的是一種有形或無形的學術氣氛。學風的好壞會直接影響到讀書人的觀念、言行和人品。而知識分子又是國家的中堅，知識分子不健全，那會有好的社會風氣？國家又如何會強大？由於古時候教育沒有今天普及，學術也沒有今天發達，所以讀書人算是一種特殊的階級，很受社會的重視，所謂士、農、工、商四民，以士爲首，即是最好的說明。這些知識分子，在社會上具有領導的作用，也是政治人才的主要來源。至於東漢學術風氣，自有其特色，玆參考後漢書稍加歸納，大概有下列幾個要點：

一、崇尚經術

兩漢是中國經學最昌盛的時期，當時的知識分子，不但講求通經，而且也強調致用。光武帝在未起兵之前，曾習尙書（註六），所以他了解羣經對治國治民的重要性；待中興漢室以後，特着重經術的教化功能，司馬光資治通鑑說：

「光武遭漢中衰，羣下糜沸，奮起布衣，紹恢前緒，征伐四方，日不暇給。乃能敦尙經術，賓延儒雅，開廣學校，修明禮樂。武功旣成，文德亦洽。繼以孝明、孝章，遹追先志，臨雍拜老，橫經問道。自公卿大夫，至於郡縣之吏，咸選用經明行修之人。」

由於朝廷的重視經學，風行草偃，再加上西漢二百多年對經學的研究，已爲經學植下深厚的根基，所以東漢出了不少的經學大師，如鄭興、鄭衆、賈徽、賈逵父子、衞宏、許愼、馬融、鄭玄、何休、……等，無不窮畢生之力，孜孜於經術之研治。但由於仁智所見，因人而異，對經義的詮釋，難免有所紛歧；再者因爲經書產生的時代較早，文字古樸，以及典章制度，歷代因革損益，到了東漢有些已難以了解，於是當時爲經作注之風大爲盛行，尤其在東漢的中晚期，由於過分的講求章句、名物、訓詁，反而忽略了羣經致用的功夫，這也是當時的社會風氣，由醇厚而逐漸淪爲澆薄的原因之一。但有些知識分子，基於儒家對人生價值的眞實肯定，尙能堅持着做人的基本原則，不願昧着良心，隨波浮沈，而做一位自甘墮落的人，這種往上自我提升的覺悟，是相當的可貴，表現於言行，當然有爲有守。

二、表彰名節

一位能重視名節的人，才能眞正了解有所爲和有所不爲的道理，假如人人都能以此自勉，社會上那會有傷風敗俗的事情發生。但爲聖爲賢，雖然完全操之於自己，可是有這樣定力的，未必很多，有時也必須仰賴上位者的引導鼓舞和教育的薰陶。所以漢初舉才，就特別重視人品，如標榜所謂的賢良方正直言極諫之士，又有所謂孝廉、至孝、有道、敦厚耿直、仁賢、茂才、四行等（註七），無不以品德爲先。在這種用人的正確原則下，自然能培養一些有操守的眞正讀書人。東漢光武卽位，鑑於王莽時代有些知識分子的無恥行爲，是敗壞社會風氣的罪魁，於是對那些不慕榮華、品高行潔的人，屢予以嘉勉。如王莽時託病告歸的卓茂，不事公孫述的李業、譙玄、王皓等，均受到封賞旌顯。又如光武帝尚未顯達時的四友：嚴光、逢萌、周黨、王霸，都秉行高潔，居隱不仕，光武帝也特別表彰他們知去就的大節，如此的重視精神價值，是一種最好的社會教育。因爲一個人如不能正正當當做人，他的所作所爲對人類社會絕對不會有積極的貢獻。所以如何培養人人那一股自我向上提升的願力，也是儒家生命哲學最重要的地方，不過也容易被人忽視。而別具慧眼的光武帝，看出欲救社會，必先挽救人心的道理，於是有一連串獎勵名節的措施，提醒了一般人，如果要讓自己活得有價值，必須去追求更高的人生理想，不要落入耳目口腹之慾的層面，而迷失了自己應有的正確人生方向。這種的遠見，造就了東漢不少的義夫節婦。

三、迷信讖緯

讖緯說的起源很早，它是古代方術、陰陽五行說與經學的合流，有廣狹二義：廣義的讖緯是包括了所有的術數而言，如圖、候等。狹義的緯書是指詩、書、禮、樂、易、春秋、孝經七緯而說，這些書在西漢末、東漢初，十分盛行，連光武帝本身也深信不疑，自認爲是赤伏符受命而有天下，遇有嫌疑，常決定於讖緯（註八）。所以那時的讀書人多少也都感染了一些讖緯的色彩。像經學大師賈逵、馬融、曹褒……等說經都不能免；連鄭玄不但注羣經，而且也徧注緯書（註九）。其他如宋衷、楊統、景鸞、朱倉、翟酺、荀爽等，在緯書方面也都有專門的研究。但在此讖緯風行的當頭，也有不少人反對，如後漢書張衡傳稱：「自中興以後，儒者專學圖緯，並附以妖言，衡以圖緯虛妄，非聖人之法。」其他還有不少的學者，他們著書立說，目的就在反讖緯，斥虛妄（註十）。這些都是當時迷信讖緯之風的一種反響。讖緯如往好的方面說，它對於政府的行政措施和個人的言行，多少具有些微的約束力量；但如另有用心的人，則常利用它以逞其野心慾望；至於在民間則易流於迷信，這都會給善良的社會造成莫大的歪曲和傷害。

四、詩賦盛行

賦是介於詩文之間的一種特殊的文體，它是兩漢文學的主流。後人却常常只重視它鋪張巧飾的一面，而忽略了它的諷諫功能。諷諫是針對時政一種含蓄的反映和建議，很符合儒家的精神。所以論漢賦的起源，與儒家思想有密切的關係。除了賦以外，樂府詩歌的興起，也是兩漢文學的一大特色，都具有很濃厚的時代意味，如著名的古詩十九首、梁鴻的五噫歌、張衡的四愁詩、蔡琰的悲憤詩，以及其他的樂府詩，無不是百姓對動盪社會的一種迴響。在這些詩的字裏行間，處處流露出讀書人關心天下蒼生，那種悲天憫人的高尚情懷，正符合禮記經解篇所說的：「溫柔敦厚，詩教也」的原則。這與詩毛傳、詩序、鄭箋等所強調的詩的目的是要達到教化的作用，並無二致，這也是東漢士人表達心志的另一種方式，它與整個時代的精神是相連貫的。

五、佛道流布

後漢書有方術上下二傳，它是獨立於儒術之外的一種思想，這種思想以後與佛教合流，便是道教。相傳佛教在東漢明帝時傳入中國（註十一），雖然其學說主張與中國傳統的儒家學術並不完全一樣，甚至還有相衝突的地方，可是釋迦勉人修身向善的目標，與儒家並無不同，於是佛學的思想便逐漸的被國人所接受。到了東漢末期，竟與方士的黃老術合而爲一，慢慢的發展成中國的道教。檢討其原因，大概在東漢中葉以後，政治不穩，社會動盪，於是主張順乎自然的老子、莊子，受到佛教思想的影響，居然被神仙化了。五斗米教派的老子想爾注，很明顯的改變了老子的形象，他們模仿佛教的一些儀式，發展成一種宗教組織，起初的目的完全是爲了對抗現實的政體。孫克寬在中國道教導論中說：

「道教的起源雖似民族傳統的迷信，但它的形式却意謂着廣大民間反抗不良統治（如漢末黃巾、五斗米教），曾試圖以宗教組織推動反抗統治的行動，經二、三度的失敗（如東晉孫恩、盧循），而後由民間打入宮廷（如北魏寇謙之），由實際組織層次，轉化爲虛幻的神仙官府；把對現實的反抗，變成追求生命的延長與苦悶的掙脫。在國家民族被強敵入侵期間，它又很自然的作爲漢文化與儒生的託命之所（如金元全眞教），延續了漢文化的存在，而減少民間生命財產的損害，於是它更被人崇拜信奉了。」

這段文字在說明道教形成的初期，是一些人士受了佛、老的影響，對不良政治的另一種反抗的方式，後來才漸漸擴大被一般羣衆所接受，而發展成一種普遍的民間信仰。

六、勇於批判

兩漢的儒家學者，很多好於著述，爲了配合時代風尚，和開展儒家的新學說，無不竭智殫精，極力弘揚，而有不少的成就。尤其在西漢末年以後，由於受到現實環境變動的刺激，許多學者所提出的主張，都具有顯著的時代性。如桓譚新論，乃針對當時的讖緯、天人感應、神仙長生、災異、靈魂不滅說，施予強烈的攻擊。王充作論衡，則已明言是在斥虛妄。王符的潛夫論，主要是在批評流俗，議論時弊。仲長統的昌言，也是在反對當時社會一些不合理的現象，主張治國理民，當以人事爲依歸，以天道爲末端，而他所謂的天道，卽指陰陽五行家的學說。崔實的政論，顧名思義，就是在指出當時政治上的缺失，並提出具體解決問題的方案。荀悅的申鑒，旨在議論政體，宣揚文教，指斥讖緯。應劭作風俗通義，目的則在糾正流俗。這些讀書人無不懷着以天下爲己任的襟抱，著書立說，想對當時政治社會善盡言責，這種批判的精神，不管對政局或個人的言行都有一種無形的影響。

七、好評時人

由於兩漢三、四百年的儒學敎化，倫常觀念，深入民心，一般人也常以愛惜名節，自勉自勵，這便是東漢名敎觀念的由來。後漢書獻帝紀說：

「初平三年，夫君臣、父子，名敎之本也，然則名敎之作，何爲者也，蓋準天地之性，求自然之理，擬議以制其名，因循以弘其教。」

「君臣、父子」等的關係，有一定的準繩，卽儒家所強調的名分、倫常，它是「準天地之性，求自然之理」，凡人都是如此，自自然然，一點也不勉強。這又與道家的自然觀念相接近。我們也可以這麼說，必須合乎自然的名教，才是眞名教，名教與自然並不相衝突。所以名教的形成，可說是儒、道二家的合流。名教觀念形成後，不少人不但以此自我要求，同時也拿它來臧否別人，或指責朝政的一些得失，形成一種輿論，常常會左右政局，有人稱它叫做清議。這與春秋戰國時代的稷下學風有些類似，齊稷下先生最盛的時候，多達三千餘人，他們都是無負實際政治責任的讀書人，雖然偶而也批評時政，但主要的還是以討論學術爲主（註十二），這與東漢末期的清議已有很大的不同。東漢的讀書人，不但好評時政，而且也喜歡品評人物，曹魏時劉劭的人物志，便是最典型的代表作。這種風氣一直沿襲到南北朝。南朝宋劉義慶的世說新語，卽是一部集大成的著作。

一種學術風氣的形成，絕非突如其來，必須種種條件的配合，如前面所述的東漢學風，有因襲前代者，如「迷信讖緯」，有些是基於在位者某種治國的理想和目的，所做的一些文教措施，如「崇尚經術」、「表彰名節」，又有時代的思想流向，如「詩賦盛行」、「佛道流布」，再加讀書人的言行，如「勇於批判」、「好評時人」等。由於以上的種種，才塑造出東漢特有的學術氣氛。

三、東漢的士節

經過上節的分析，有關東漢的學術風氣和文教措施，已有了初步的了解，那麼在這種學風之下，對士人的操守到底產生怎樣的影響呢？可從下面所列舉的一些事實來加以說明：

一、重視人倫

人倫綱常是儒家道德的起點，也是建立一個人文社會的根本。東漢一代，以孝悌著稱的，多得不勝枚舉。如蔡順事父母至爲孝順；鮑永雖事後母，更能竭盡其孝心，他的妻子嘗在後母前叱狗，鮑永立刻將其離去；黃香年九歲失母，終身思慕，面容憔悴，所以鄉人稱他爲至孝；又有以久喪爲孝子的，如江革（註十三）。因兩漢是標榜以孝治天下，所以孝子也特別多，以上所舉的，只不過幾個比較典型的例子。至於其他美德懿行，如世說新語德行篇有一則云：「荀巨伯遠看友人疾，值胡賊攻城」，巨伯爲了照顧朋友的疾病，不肯背友獨自離去，這便是朋友之義。又後漢書卷八十三逸民傳敍述梁鴻說：「爲人賃舂，每歸，妻爲具食，不敢鴻前仰視，舉案齊眉。」這卽夫妻能相互敬愛的美德。趙翼二十二史劄記說：「漢世，……郡吏之於太守，本有君臣名分。」可見君臣之間的名分，並不只是指皇帝與臣下而言，凡主官與部屬間都有一定的規矩，不可踰越。如此人倫得以維護，社會自然安定和諧。

二、尊崇師道

兩漢說經，特重師法和家法，尤其在古代印刷術尚未發明，紙筆也沒今天方便，所以書籍的流佈並不太容易，因此老師所扮演的角色也格外的重要。韓愈說：「師者所以傳道、授業、解惑。」在漢代師道格外的受到推崇。師生間能以恩義相對待的，查閱范曄後漢書，所見的例子甚多，如儒林傳說：「楊政……從代郡范升受梁丘易，善說經書……范升嘗爲出婦所告，坐繫獄，政乃肉袒，以箭貫耳，抱升子潛伏道傍，候車駕，而持章叩頭，大言曰：『范升三娶，唯有一子，今適三歲，孤之可哀。』武騎懼驚乘輿，舉弓射之，猶不肯去；旄頭又以戟叉政，傷胸，政猶不退。哀泣辭請，有感帝心，詔曰：『乞楊生師』，卽尺一出升，政由是顯名。」又：「歐陽歙在郡，教授數百人……坐在汝南臧罪千餘萬發覺下獄。諸生守闕爲歙求哀者千餘人，至有自髡剔者。平原禮震，年十七，聞獄當斷，馳之京師……上書求代歙死。曰：『伏見臣師大司徒歐陽歙，學爲儒宗，八世博士，而以臧咎當伏重辜。歙門單子幼，未能博學，身死之後，永爲廢絕，上令陛下獲殺賢之譏，下使學者喪師資之益，乞殺臣身以代歙命。』」禮記學記說：「凡學之道，嚴師爲難；師嚴然後道尊，道尊然後民知敬學。」尊師代表對道術的尊重，以及嚴肅的學習態度。從上面的例子，可看出東漢師生間的情深義重，爲人師者，不只是「經師」，而且還是「人師」。學者自可「安其學而親其師，樂其友而信其道」。

三、辭讓風行

一個人如處在取予之際，要懂得義利之辨，割捨之道，才不會自取其辱，所以儒家特別強調辭讓。由於堯舜能禪讓，便成爲孔子心目中那種天下爲公、世界大同的理想社會。辭讓與老子所說的處下、不爭、執後的境界完全相同。東漢士人，讓風盛行，包括了讓爵、讓舉、讓財等。就以讓爵來說，就有不少的事例，如桓郁，精於尙書學，將他父親關內侯的爵位讓予其兄子桓汎。又如丁鴻年十三的時候，曾從桓榮受歐陽尙書，長大後將他父親丁綝的陵陽侯爵位，讓予其弟丁盛（註十四）。又漢代人才選拔的制度有所謂察舉者，東漢士人，也有被識拔而不肯出仕的叫讓舉。如陳重小時候曾與雷義相交，一起學習魯詩、顏氏春秋，太守張雲聞陳重德行，想要舉他爲孝廉，陳重一直推讓給雷義，前後有十多次，雷義始終不肯接受。後義返鄉里，也被舉爲茂才，雷義也同樣的推讓給陳重，但刺史不聽，義遂佯狂被髮走，而不應命（註十五），這是東漢讓舉最顯著的例子。談到讓錢財的，事例也很多。錢財雖然是身外之物，但它畢竟是財富的象徵，然而君子愛財，要取之有道，這也是讀書人應有的節操。東漢士人讓財比較特殊的，如樊準，曾修儒術，他把父親留下的數百萬產業讓予孤兄子。又如高鳳，讀書至爲專勤，晝夜誦讀，好學不倦，曾勸鄉里有相爭錢財的，謂「仁義遜讓，奈何棄之」。自己也將所有的錢財送給他兄長的兒子（註十六）。我們看到社會上兄弟爲了分產而鬩牆的，不知有多少。今讀高鳳傳，怎不令人有所感慨。以上不管讓爵、讓舉、讓財，都是值得提倡的偉大風範，也是建立一個文明社會，人人所應具備的情操。社會風氣之所以會壞，以及一切紛爭的產生，常常就出在不懂得辭讓的大節。所以辭讓只要不是一種矯情，或別有用心，應該加以鼓勵倡導的。

四、競上復仇

君父之仇，不能不報，禮記曲禮說：「父之仇，弗與戴天。」這也是春秋大義之所在。春秋公羊隱公十一年傳云：「君弒，臣不討賊，非臣也；不復仇，非子也。」臧死慝亡，復君父之仇，是一種使氣的行爲，有點近似道家的遊俠性格，但正當、合理的復仇，儒家絕不反對，因爲那是一種義氣的表現。東漢士人，爲君父復仇的，案例也很多。如蘇不韋，其父謙被李暠殺害，韋變姓名，散盡家財，召募劍客，志必報父仇。那時除了報父仇外，也有報母仇的，如陽球；又有妻爲夫復仇的，如許升之妻；有弟爲兄復仇的，如劉賜、崔瑗、魏朗等；兄爲弟復仇的，如王常、杜詩等（註十七）。如此復仇之風，雖爲正常社會所不容。但是在是非不明，豪吏囂張，公理正義不得申張，法的觀念又尚未建立的時代，對那些惡覇汚吏，唯有用此激烈的手段，才能抑止他們高張的氣燄。可是如果只是爲了芝蔴小事，却不能相忍爲安，而寃寃相報，那就不是復仇的本義，也不是一位有胸襟、氣度的讀書人，所應有的行爲。

五、避仕隱逸

逸人高士，中國歷代都有，但東漢最爲特殊，如初年的嚴光、逢萌、周黨等，就以不事光武，寧可遨遊於田園林間，而受到表揚。此風一開，以後避世隱逸者，爲數甚多，所以後漢書特列有逸民一傳，這是前史不曾有的。他們都是人品高潔的讀書人，視功名利祿有如敝屣。如井丹，逸民傳說他少受學於太學，通五經而有高節，自我隱閉，不關人事。又如高鳳，勤於誦經，爲一代名儒，曾教授於西唐山中，隱身漁釣。再如戴良，才學高達，議論尚奇，擧孝廉不就，後逃入江夏山中，優遊不仕。又有法眞，好學而無常家，博通內外圖典，爲關西的大儒，曾辟公府，擧賢良，皆不就。像這些隱逸田野的高士，雖與儒家入世外王的精神不合，但也一向被儒者所推崇。如伯夷、叔齊被列爲史記列傳之首，司馬遷特別引孔子的話說：「伯夷、叔齊不念舊惡，怨是用希。」「求仁得仁，又何怨乎？」所以在贊中司馬遷推崇說：

「『君子疾沒世而名不稱焉。』賈子曰：『貪夫徇財，烈士徇名，夸父死權，衆庶馮生。』『同明相照，同類相求』，『雲從龍，風從虎，聖人作而萬物覩。』叔齊雖賢，得夫子而名益彰。顏淵雖篤學，附驥尾而行益顯。巖穴之士，趣舍有時，若此類名堙滅而不稱，悲夫！」

歲寒然後知松柏之後凋，舉世混濁，清士乃見。避仕隱居，從表面上看來，不免有些消極，有虧人之所以爲人所應盡的責任。但在那麼多人爲名利熙來攘往的社會裏，有如此淡薄寡欲，身修行潔之士，或多或少，能產生一些去濁揚清的作用，自有它的貢獻，這也是孔子稱老子爲龍，孟子稱伯夷、叔齊爲「聖之清者也」的原因。

以上所說的，都是東漢讀書人比較特殊的言行。但同樣的行爲，自有其境界高低的不同。如有人能本着天生的善端，毫無目的的，在無所爲而爲中做了許多的善事，這種的善行，其境界最高。孟子引顏淵的話說：「人人皆可以爲堯舜。」就是指着只要時時保持善良的本心，堯舜人人可爲。另外有些人因受教育的薰陶和環境的影響，而存心去惡行善，像這種有心爲善的人，在社會中佔絕對的大多數，東漢一些高人雅士，很多便是屬於這類的人物。當然可能也有某些人，是爲了沽名釣譽，而做出一些激詭的行爲，自鳴清高，借以沽名釣譽，若此則爲人所不齒，就如後人所痛罵的假名教、假禮教之徒，其言行則不足以爲訓。

四、結論

知識分子是社會的中堅，而且負有開啟社會風氣的責任。因此，讀書人對國家、社會的影響至為深遠，所以身為知識分子對自己的言行，怎可不注意。由於兩漢的推崇儒術，重視教化；以及光武帝的砥礪士節，而形成了特有的學術風氣，鑄造了讀書人的品格，兩者又交互的影響，對當時的社會、政治，以及魏晉以後學術思想的轉變，都有密不可分的關係。

一、對社會的影響

一個社會必須人人都具有高尚的理想，和正確的人生觀，這個社會才有前途，才有希望；也是這個社會真正能安定的保障。後漢書的作者范曄，生於亂世，一生懷才不遇，所以在全書中，特別重視士人氣節的表揚，因為讀書人的言行操守，對世道人心的確有深遠的影響。那麼東漢士人有些特別留心個人的操守，對於當時的社會到底產生何種作用。下面特舉一例，以見其大概。

鄭玄是東漢的經學大師，根據後漢書說他徧注各經，精通三禮，靈帝時，大將軍何進徵召他，因畏於何進的威勢，不得不委蛇應付，他不受朝服，僅以幅巾見，一宿就逃去了。由此可見鄭玄的為人，這也是當時一般讀書人常有的舉止，只不過鄭玄表現得特別的突出，又因為他是位有名的大學者，所以連他的鄉里也因為他而馳名，時人都稱鄭君的家鄉為「鄭公鄉」，足證鄭玄是何等的受到尊重。當黃巾賊作亂的時候，亂黨數萬，久仰鄭玄人品，於是見玄就拜，並相約不入鄭玄的家鄉縣境。可見道德感人的力量多麼的深遠，對社會國家安定的貢獻，何止於千百萬的堅甲利兵。可惜這股無形的力量，却常被一般人所忽視。東漢的社會，便是得利於這些士人的風範，樹立精神上的支柱，而帶來了一股無形的安定力。

東漢士人講求士節自有其積極的貢獻。但如不識大體，不知通權達變，一味的只知道以氣節自高，有時難免流露酸氣，甚至結黨相互標榜，因而演變成新的士族豪門，形成社會一股新興的力量，足以左右大局，增加朝廷的負擔，這種現象到了魏晉南北朝表現得特別的明顯。

二、對政治的影響

東漢光武、明、章堪稱爲盛世，但和帝以後，因外戚與宦官的衝突一天嚴重於一天，朝廷威信大失，已不足以維繫社會的安定，所以在這一、二百年間，實際穩住社會的，就是靠着人心尚存的是非觀念。范曄後漢書儒林傳說：

「自桓、靈之間，君道秕僻，朝綱日陵，國隙屢敗，自中知以下，靡不審其崩離，而權強之臣，息其闚盜之謀，豪俊之夫，屈於鄙生議者，人誦先王言也，下畏逆順埶也。」

人心有所戒懼，行爲自有準則。所以政治雖然腐敗，而不致於馬上傾覆，原因就在此。後漢書左雄傳贊也說：

「所以傾而未顚，決而未潰，皆仁人心力之爲。」

司馬光論東漢風俗，分析得更爲透徹，他說：

「上則有公卿大夫袁安、楊震、李固、杜喬、陳蕃、李膺之徒，面引廷爭，用公誼以扶其危；下則有布衣之士符融、郭泰、范滂、許劭之流，立私論以救其敗。是以政治雖濁，而風俗不衰。」

當時與現實政權相對抗的讀書人，大概可分爲三類：一爲激進派，卽司馬光所說的袁安、楊震之輩，他們都是朝廷的公卿正士，誓死與惡勢力相鬪，絕不妥協。二爲清議派，卽符融、郭泰之流，他們並不積極想參與政治，只是希望能盡些言責，以澄清天下。三爲隱士派，就如逸民傳的人物，他們眼看大勢已去，自認爲無法挽回狂瀾，只好隱遯江湖，絕意仕途，不聞世事。這三派的人物，他們都認爲自己是清流，而與當時執掌政權的一些濁流相對抗。東漢末年的黨錮之禍，便是在這種情況下發生的。那時的一些權臣、野心家，如何進、董卓、袁紹、曹操……等，憑他們的權勢，都足以取漢鼎而自立，但始終都不敢廢漢帝而南面稱制。卽不敢犯名教之不韙。尤其以曹操的表現最爲明顯。讀他短歌行最後的幾句，寓意至爲深刻，不難看出他內心的矛盾。其歌曰：

「契濶談讌，心念舊恩。月明星稀，烏鵲南飛，繞樹三匝，何枝可依？山不厭高，海不厭深，
周公吐哺，天下歸心。」

儒家學說就修身來看，簡單的說就在求得內心的一個安字，也就是仁的獲得。所以要人講道義，重名分，這種觀念深植民心，連曹操自己也不能免，於是在篡與不篡間，實在難爲了他，「繞樹三匝，何枝可依？」正是道出了他的心聲。最後只好以周公自比，不敢篡漢自立，以求心安。這不能不說是東漢獎勵氣節，對這位野心家所產生的一股強大的約束力。

三、對魏晉玄風的影響

為了挽救東漢的政局，為了淨化當時的社會人心，一些有心的讀書人，因受儒學的影響，不但以名節自我要求，而且還以此要求別人，這就是後人所謂的名教、禮教，借此以警勉世人，成為當時社會一種無形的規範。前面所舉的曹操，本想篡漢，但因名教所限，又不能不有所顧慮，於是他處心積慮，以除去名教而後為快。曾再三下令，求「負汚辱之名，見笑之行，不仁不孝，而有治國用兵之術者。」顧炎武日知錄，對曹操如此的作風，特別加以批評說：

「於是權詐迭進，姦逆萌生。故董昭太和之疏，已謂當今年少，不復以學問為本，專更以交游為業。國士不以孝悌清修為首，乃以趨勢求利為先，至正始之際，而一、二浮誕之徒，騁其智識，蔑周孔之書，習老莊之教，風俗又為之一變。」（註十八）

名教被破壞後，到他的兒子曹丕公然篡漢，也就變成理所當然的事。所以後人罵曹操為名教的罪人，是不無原因的。

不可否認的名教之所以受到攻擊，與名教的被歪曲利用，和過於虛情矯作，以及某些人滿口仁義道德，但所作所為，都是反仁義道德，言與行不能相配，也有相當大的關係。所以到了魏晉，有部分人士，因受環境的刺激，主張自然曠達；又為了掙脫名教的束縛，而反對名教，但是他們所反的，應該是那些假名教者。至於隱逸派的這班人，魏晉時慢慢的與老莊之徒合流，舉止消遙放任，不拘小節，竹林七賢的那一批人，便是這一脈的延續。另外想借輿論以澄清吏治的清議派，因見大勢已去，輿論再也無法挽回大局和統治者的良知，終於淪爲茶餘飯後品評人物的清談。再有那些想以實力與現實政體相對抗的，感於自身力量的有限，便利用宗教的組織來鼓動民衆，繼續與朝廷相抗衡。但經過幾次的失敗打擊，在失望之餘，只好走上消極的養生，和追求神仙之途。又由於東漢末年幾次的黨錮之禍，不少知識分子，被殺的殺，被關的關，如此對知識分子的迫害，也喪失了無數的學術種子。兩漢經學蓬勃的局面，也開始走下坡。於是整個時代籠罩在虛幻無比的夢境中，大家拚命的空談玄理，幻想神仙，這種思想轉變的關鍵時代，便是東漢。

【附註】

註一　見顧亭林著原鈔本日知錄「兩漢風俗」，三七七頁。明倫出版社。

註二　見顧頡剛著漢代學術史略第十六章：「古史系統的大整理」，一四一頁，啓業書局。

註三　參見後漢書宦者列傳等。

註四　史記秦始皇本紀三十四年丞相李斯上奏云：「臣請史官非秦記皆燒之。非博士官所職，天下敢有藏詩、書百家語者，悉詣守、尉雜燒之。」

註五　參考姜蘊剛中國古代社會史第五章流氓的時空，一二八頁。華世出版社。

註六　見後漢書光武紀。稱他在「王莽天鳳中，乃之長安，受尚書，略通大義。」

註七　見東漢會要。卷二十六，三九三頁，九思書局。

註八　後漢書光武帝紀云：「光武至鄗，其同舍生張華上赤伏符曰：『劉秀發兵補不道，四夷雲集龍門野，四七之際火爲主。』」

註　九　見侯康、顧懷三等所補後漢書藝文志。

註一〇　王充論衡佚文篇云：「論衡篇以十（百）數，亦一言也。曰：『疾虛妄。』」

註一一　蔣維喬中國佛教史云云：「明帝永平十年，佛教入中國，事評漢法本內傳。」一頁。國史研究室。

註一二　見桓寬鹽鐵論。世界書局。

註一三　蔡順事見後漢書卷三十九注引，鮑永事見同書卷二十九。黃香事見同書卷八十上。江革見後漢書江革傳。

註一四　桓郁、丁鴻事，並見後漢書卷三十七桓榮、丁鴻列傳。

註一五　見後漢書卷八十一獨行列傳。

註一六　樊準見後漢書卷三十二樊宏陰識列傳。高鳳見卷八十三逸民傳。

註一七　蘇不韋見後漢書卷卅一蘇章傳。許升妻見後漢書卷八十四列女傳。劉賜見後漢書卷十四宗室四王三侯列傳。崔瑗見後漢書卷五十二崔瑗列傳。魏朗見後漢書卷六十七黨錮傳。王常見後漢書卷十五李王鄧來列傳。杜詩見後漢書卷六十一杜詩傳。

註一八　見顧炎武日知錄。卷十七，兩漢風俗條，三七七頁，明倫出版社。